RECHERCHES

SUR LES

SIRES DE TILLY

PAR

E. DE B........

THONON-LES-BAINS

1891

RECHERCHES

SUR LES

SIRES DE TILLY

PAR

E. DE B........

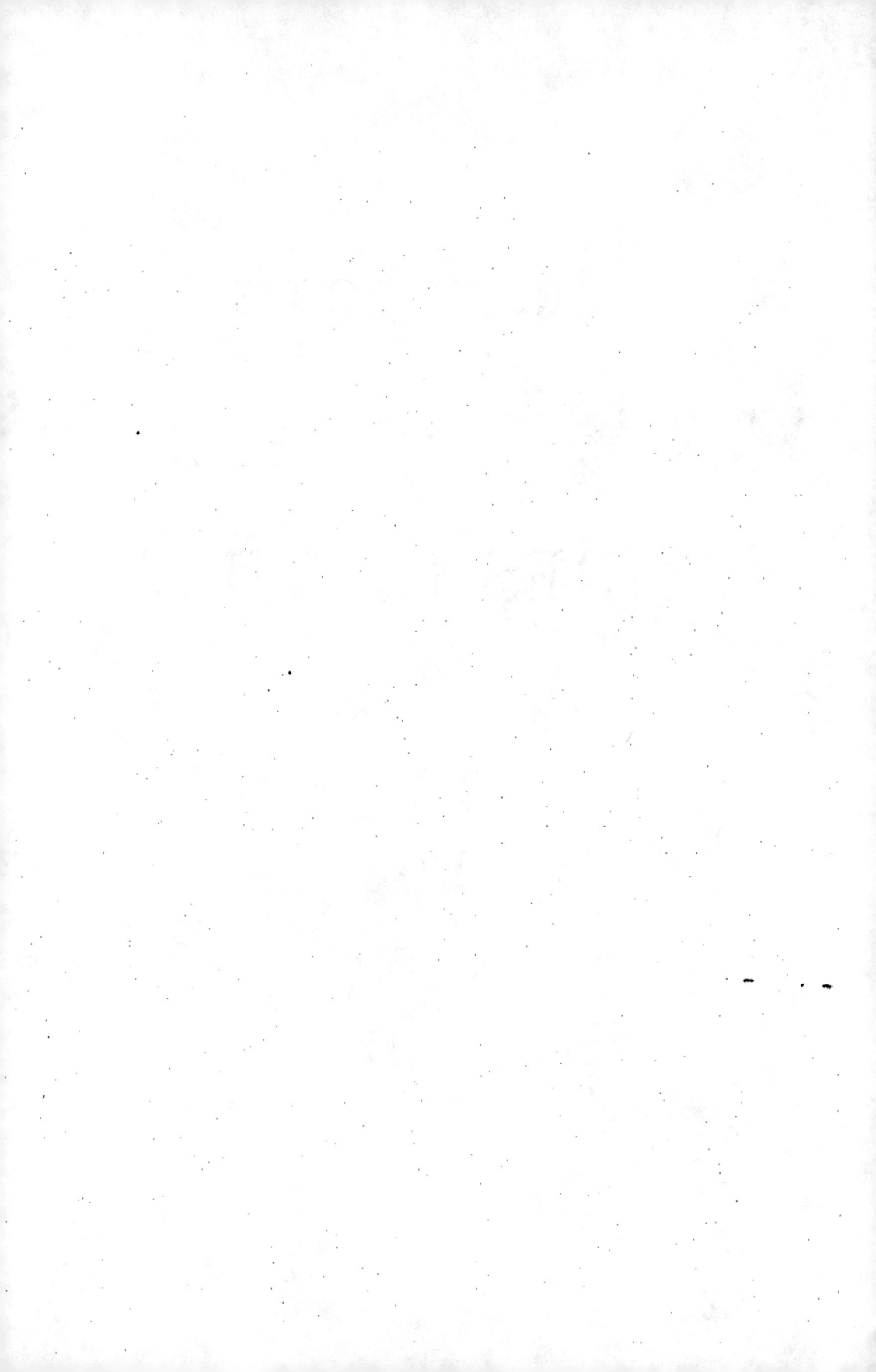

« et authentiques, avec les noms des femmes et des
« enfants de chaque degré. Les guerres civiles
« ayant si longtemps désolé la Province de Nor-
« mandie et tout le Royaume de France, c'est ce
« qui empêche de suivre la filiation dans des temps
« plus reculés, car la plupart des titres ont été
« brûlés ou emportés par les Anglais et transportés
« à la Tour de Londres, suivant l'opinon publique,
« et il a fallu nécessairement se borner à rétablir
« la preuve évidente depuis 500 ans.

« *La Chesnaye Desbois, 1778.* »

Les armes de la famille de TILLY sont : *d'Or à
la fleur de lys, de gueules,* avec la devise :

NOSTRO SANGUINE TINCTUM.

Dans son *Légendaire de la Noblesse de France,*
le Comte de Bessas de la Mégie explique qu' « à la
« suite d'un combat singulier qu'un Chevalier de
« la Maison de Tilly déclara à Vaspan, ce dernier

Il y a deux ou trois terres du nom de TILLY situées dans différents lieux : la plus commune opinion est que le Château de Tilly, situé dans le Baillage de Caen, a toujours été possédé par ceux de ce nom jusqu'en 1750, époque à laquelle il fut vendu à M. Orceau de Fontette, Intendant à Caen.

Ordéric Vitalis, moine de l'Abbaye de Saint-Evroul, au Diocèse de Lisieux, qui écrivait en 1140, nous a fait connaître les premiers degrés de cette Maison. Il n'a pas seulement remarqué dans son histoire qu'ARNAUD DE TILLY fut, avec Guillaume Duc de Normandie, à la conquête de l'Angleterre l'an 1066, mais même, en faisant l'épitaphe d'ARNOUL DE TILLY, aussi moine de l'Abbaye de Saint-Evroul et de GUILLAUME DE TILLY, son frère, Abbé de Sainte-Euphémie, dit qu'ONFROI, Sire de TILLY, leur père, vivant vers la fin du dixième siècle, était descendu de l'illustre sang de Danemark *(natus de Spermate Danorum)* et que son fils Robert était puissant et illustre, lui donnant le titre de Magnifique ou de Marquis, c'est-à-dire de Gouverneur de quelque province frontière, comme de fait il l'était de la Ville et du Château de Rodebert en Angleterre et pays en dépendant.

« Depuis Jean II, fils de Guillaume Iᵉʳ, on peut « retrouver la filiation non interrompue de la « Maison de Tilly, établie par des titres originaux

RECHERCHES

SUR LES

SIRES DE TILLY

———

a Maison DE TILLY est l'une de celles qui ont mérité à la Normandie l'avantage dont elle jouit d'avoir été entre toutes les Provinces du Royaume de France la plus féconde en races illustres. Elle est si ancienne et si illustre qu'on peut dire qu'elle est une des plus grandes de cette Province et une de celles qui ont le plus contribué à affermir la Normandie sous la domination de nos Rois, aussi le nom de TILLY a-t-il été remarqué dans tous les auteurs anciens. Soit qu'on consulte la tradition universellement reçue, soit qu'on se borne aux monuments qui prouvent son ancienneté, l'étendue de ses possessions (on lui connaissait plus de 80 terres), ses services et ses alliances, on ne peut lui refuser la considération due à la haute noblesse.

Elle a pris son nom d'une Chastellenie située au Diocèse de Bayeux.

PRINCIPAUX
OUVRAGES OU DOCUMENTS
CONSULTÉS

Histoire de Normandie.

LE PÈRE ANSELME. (Histoire généalogique de France).

Histoire des Grands Officiers de la Couronne.

Histoire de la Maison de Harcourt, par LA ROQUE.

CARRÉS DE D'HOZIER.

Armorial Général, de CH. D'HOZIER.

Collection des pièces originales. (Bibliothèque nationale).

Collection CHÉRIN.

CHÉRIN. — Preuves militaires.

Demoiselles de SAINT-CYR. (Cabinet des titres).

Dictionnaire généalogique héraldique, de LA CHESNAYE DESBOIS.

Biographie nouvelle des Contemporains, par ARNAULT JAY, JOUY, NORVINS, etc.

Trésor généalogique, de VILLEVIEILLE.

Dictionnaire historique des Généraux français, depuis le XIe siècle, par le Chevalier de COURCELLES.

Etats militaires.

C'est en relisant il y a quelques années les Mémoires du Comte de Tilly que l'idée m'est venue de faire des recherches sur l'Origine des Sires de Tilly et leur filiation jusqu'à nos jours, afin de contrôler certaines énonciations de l'auteur des Mémoires ainsi que certaines observations de celui qui les a fait paraître, observations dans lesquelles était cité le nom de mon aïeul paternel.

Les pages qui suivent ne sont que des notes qui n'étaient pas destinées à la publicité; je ne les fait imprimer que sur le désir de quelques personnes de ma famille descendant également d'une des nombreuses branches de la famille de Tilly.

C'est une reproduction de documents dont on pourra peut-être m'accuser d'avoir copié trop servilement le texte, mais ce n'en sera que plus conforme à l'exactitude et partant ce sera le seul mérite de ce livre.

E. DE B.

« fut terrassé et que le Roi, pour ce haut fait
« d'armes, accorda au Chevalier de Tilly la con-
« cession d'une fleur de lys de gueules sur champ
« d'or avec la devise ci-dessus que la Maison de
« Tilly a continué à porter. »

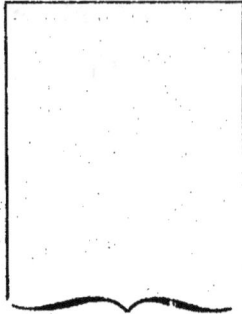

ERNAUD ou ARNAUD, Sire de TILLY, qui est le premier de cette Maison dont on ait connaissance, fut, avec le Duc Guillaume le Bâtard, à la conquête du Royaume d'Angleterre en 1066; il eut pour fils :

UMFROY, Sire et Chatelain de TILLY, lequel accompagna le même Duc en sa conquête et fut un des principaux Officiers de son armée. Il fut fait Capitaine du Château de Hastings en Angleterre, l'an 1068 et fut enterré avec sa femme au Monastère de Utro ou Saint-Evroul.

Il avait épousé vers 1078 la fille de Robert de Grandmesnil et de Haduize Giroye de Montreuil, son épouse, ALIX DE GRANDMESNIL, sœur germaine de Hugues, Vicomte de Leycester et sœur utérine de Eremburge d'Evreux, femme de Roger, premier Comte de Sicile, et tante de Guillaume de

Grandmesnil, époux de Mabilie, fille de Robert Guiscard, Duc de la Pouille.

De cette alliance naquirent :

1° ROBERT DE TILLY qui suit ;

2° ERNARD ou ARNOUL DE TILLY, moine en l'Abbaye des Bénédictins de Saint-Evroul, vers 1131 ;

3° GUILLAUME DE TILLY, Abbé de Sainte-Euphémie ;

4° EUDES DE TILLY, Chevalier.

ROBERT, Sire et Châtelain de TILLY, Comte de Ruthland en Angleterre, est celui qu'Orderic Vitalis qualifie de Marquis, qui était en ce temps le nom que l'on donnait aux Gouverneurs des frontières d'un Royaume. En cette qualité, il fit bâtir le château de Rodebert en Angleterre en l'an 1138, battit les Gallois et fut tué dans une rencontre avec eux. D'abord enterré à Chester, son corps fut transporté dans la suite au monastère de Saint-Evroul. Il avait donné à cette Abbaye l'église de Tilli, ce qu'il avait dans celle de Damblainville, dans celle de Cornero, et des terres situées en Angleterre. De son mariage avec LUCE, Dame de BAROU, fille de Jean de Barou, il eut trois garçons qui furent ;

1° JEAN DE TILLY, qui suit ;

2° GUILLAUME DE TILLY, Evêque d'Avranches ;

3° ALAIN DE TILLY, Sire de Barou, auteur de la branche des Seigneurs d'Escarbouville, rapportée ci-après (page   ).

Jean Ier du nom, Sire et Châtelain de TILLY, vivait l'an 1181. Il accompagna le Roi d'Angleterre et Duc de Normandie Richard Cœur de Lion en son voyage en la Terre Sainte et au siège qu'il mit devant la ville d'Acre en Palestine l'an 1190 et fut un des Chevaliers Bannerets des armées de Philippe Auguste en 1204. Il avait épousé en 1150 EVE DE MONTMORENCY, fille de Bouchard, Sire et Châtelain de Montmorency et de Laurence de Hainaut, son épouse, qui lui donna :

1° PIERRE DE TILLY, qui suit ;

2° ROBERT DE TILLY, Chevalier, nommé dans une charte de Normandie pour les Patronages laïcs, l'an 1205 ;

3° GAUTIER DE TILLY, Chevalier en 1207, qui fut, pour ses services, gratifié par le Roi Philippe Auguste des terres de Darnetal et de Druber.

PIERRE, Sire et Châtelain de TILLY, fut honoré

par le Roi Philippe II, pour récompense de ses services, du don de plusieurs terres, en l'an 1206, comme le fut aussi Gautier de Tilly, son frère. Il assista ensuite à l'Echiquier tenu à Rouen en 1213 et défendit le château d'Umfrainville, assiégé par Guillaume, Roi d'Ecosse. Il avait fondé en l'église de Paris, en avril 1223, un anniversaire comme l'indique l'extrait d'un ancien cartulaire des archives du Chapitre de cette Eglise. Il eut pour fils, de N......, légitimée de France :

1° GUILLAUME DE TILLY, qui suit ;

2° RAOUL DE TILLY, nommé dans la Chronique de Normandie, l'an 1236.

GUILLAUME Ier du nom, Sire et Châtelain de TILLY et de Cuye, est compris dans le rôle des Seigneurs Normands qui furent invités à se trouver à Saint-Germain-en-Laye, en l'an 1236, puis il reçut ordre du Roi Saint Louis, en 1242, de se trouver à l'armée qu'il destinait à combattre contre le Comte de La Marche. Il eut de sa femme N..... DE VIVONNE, sœur d'Aimery de Vivonne un fils JEAN, qui suit.

JEAN II du nom, Sire et Châtelain de TILLY et de Cuye, Seigneur de Boissay le Châtel et de

Luzarches près Paris, fut invité à se trouver à l'armée que le Roi Philippe le Hardi conduisit en Guyenne en 1272. Il fit, en 1271, hommage lige à Monseigneur Etienne, Evèque de Paris, de la moitié de Luzarches à lui appartenant par sa femme, puis, en 1276, échange de ses terres avec les abbés et religieux de Chalis. Il fut, en 1287, un des témoins nommés pour informer de la vie et des mœurs de Mathieu Baron de Montmorency, Connestable de France, signa ensuite à une fondation faite pour l'Abbaye de la Victoire en 1293, et mourut en 1300.

Il avait épousé, en 1264, JEANNE (ISABEAU) DE BEAUMONT, fille de Thibaut de Beaumont, Seigneur de Luzarches, dernier Comte de Beaumont-sur-Oise, dont la Maison a produit un grand Maître, quatre Chambriers et un Maréchal de France, fils lui-même de Jean de Beaumont et d'Isabeau Le Bouteiller de Senlis, son épouse.

De cette union naquirent :

1° JEAN DE TILLY qui suit ;

2° THIBAUT DE TILLY, Seigneur de Luzarches et de Cuye, auteur de la branche des Seigneurs de Chamboy rapportée ci-après (page 19).

3° HENRI DE TILLY, Evèque de Lisieux.

Jean III du nom, Sire et Châtelain de TILLY,

de Boissay le Châtel, etc., fut fait Chevalier par le Roi Philippe le Bel l'an 1313 et eut de LUCE DE BEAUFFOU, Dame des baronnies de Beauffou et de Beuvron, son épouse, dont la Maison est une des branches cadettes des Ducs de Normandie et Rois d'Angleterre :

1° GUILLAUME DE TILLY qui suit ;

2° FERRAND DE TILLY, Seigneur de Boissay le Châtel, auteur de la branche des Seigneurs de Boissay le Châtel rapportée ci-après (page 16).

3° GILLONNE DE TILLY, femme de Joachim Pierrepont, Chevalier ;

4° JEAN DE TILLY.

Guillaume II du nom, Chevalier, Sire et Châtelain de TILLY, près Bayeux en Normandie, Baron de Beauffon et de Beuvron, Seigneur de Boissay le Châtel, épousa GUILLEMETTE DE TOURNEBU, fille de Robert de Tournebu, Baron de la Motte de Cesny et de Jeanne Dame d'Auvilliers, son épouse. Il en eut un garçon et une fille, savoir :

1° JEAN IV du nom, Sire et Châtelain de TILLY, qui fut un des trois cents gentilhommes à qui le Roi Jean pardonna à Rouen en 1360 et mourut sans hoirs ;

2° JEANNE DE TILLY, héritière de son frère et

par conséquent Dame des baronnies, châtellenies et seigneuries de Tilly, de Beauffou, de Beuvron et de la Motte de Cesny. Le Roi Charles V forma le projet de la marier à Jean de Saquainville en 1371. Ce projet n'ayant pas été réalisé, elle épousa, en 1374, PHILIPPE DE HARCOURT, Baron de Bonnestable, fils de Jean V du nom, Comte de Harcourt, et de Blanche de Ponthieu, son épouse, et tige de la branche des Barons d'Ollonde.

Elle lui porta en mariage tous les biens de la branche aînée de la Maison de Tilly, tels que les baronnies et seigneuries de Beauffou, de Beuvron, de la Motte de Cesny, Grimbosc, Thury, Tilly, Auvilliers, Fontaine le Henry, Couvains, Putot, Saint-Martin de Sallon, Barneville, Plannes, Seuvray, Juvigny, etc., ainsi que la baronnie de Cuye, du diocèse de Séez, relevante du Comté de Montgommeri, et ayant sous la mouvance 35 fiefs et un grand nombre d'arrière-fiefs.

La branche des Ducs et Maréchaux de Harcourt en est issue.

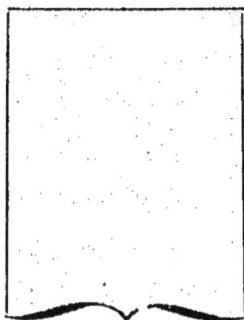

BRANCHE

DES

Seigneurs de Boissay le Châtel

FERRAND DE TILLY, Seigneur et Chatelain de Boissay le Châtel, second fils de Jean III du nom, Sire de Tilly, et de Luce, Dame de Beauffou, son épouse, se maria avec JEANNE DES MOUTIERS, fille de Jean, Seigneur des Moutiers, et d'Isabelle de Brucourt, de laquelle il eut :

1° JEAN DE TILLY, qui suit ;

2° FRASLIN DE TILLY, Seigneur de Guernetot, de Thieuville et de Cocquigny, auteur de la branche des Seigneurs de Guernetot, rapportée ci-après ;

3° JEANNET DE TILLY, Seigneur de Fougères et de Tubeuf, mort sans hoirs.

JEAN DE TILLY, Seigneur et Châtelain de Boissay le Châtel, épousa JEANNE DE THIBOUVILLE, fille unique et héritière de Robert, Sire de Thibouville, et de Marie de Cleré, son épouse.

De ce mariage sortit une fille unique nommée JEANNE DE TILLY, Dame de Boissay le Châtel et de Thibouville, morte le 26 janvier 1495, femme de JEAN IV, Sire et Baron de FERRIÈRES, Seigneur de Thury et de Dangu, terres passées en la Maison de Montmorency (1).

(1) Il est à remarquer que la branche d'Harcourt Beuvron descend des deux héritiers de Tilly par le mariage conclu en 1461 de Marie de Ferrières, Dame en partie de Thury, née de Jean IV et de Jeanne de Tilly, avec son cousin Jacques d'Harcourt, tige de la branche des Beuvron, fils puîné de Gérard, né de l'autre Jeanne, héritière de Tilly, mariée avant l'an 1382 (1374) à Philippe d'Harcourt, Baron de Bonnestable, ce qui rectifie LA ROQUE qui a oublié Ferrand de Tilly, second fils de Luce de Beauffon, douzième aïeule du Marquis de Beuvron vivant en 1761.

(La Chesnaye Desbois. — Dictionnaire généalogique héraldique).

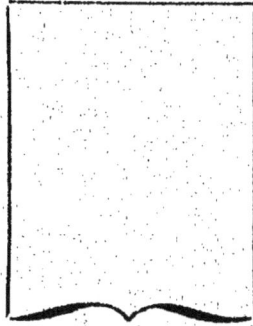

BRANCHE

SEIGNEURS DE GUERNETOT

FRASLIN DE TILLY, Seigneur de Guernetot, de Thieuville et de Cocquigny, second fils de Ferrand de Tilly, Seigneur de Boissay le Châtel, et de Jeanne des Moustiers, son épouse, se maria à GUILLEMETTE PAYNEL, fille de Bertrand Paynel, Chevalier, dont est née JEANNE DE TILLY, femme de Jean de Poilley ou Poislai, Chevalier Chambellan de François, Duc de Bretagne, fils de Payen, Seigneur de Poilley et de Gouze de la Feuillée, son épouse.

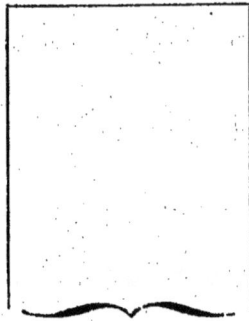

BRANCHE

DES

SEIGNEURS DE CHAMBOY

THIBAUT, Chevalier, Sire de TILLY, Seigneur de Luzarches et de Cuye, fils puiné de Jean III et de Jeanne de Beaumont, échangea, suivant le Trésor des Chartes, le 28 octobre 1322, ses terres de Luzarches et de Cuye avec Charles IV dit le Bel contre celles de Chamboy, de Oumeel, des Avenelles et de la Fresnaye-Fayel. Il épousa MARGUE-RITE DE BONVILLE, Dame en partie de Milly en Gâtinois, d'une Maison qui a produit un grand

Chambellan de France en 1272 et un grand Maître de Malte en 1454. De ce mariage naquirent :

1° Jean de TILLY, qui suit ;

2° Thibaut de TILLY, Clerc ;

3°

4°

Jean de TILLY I, du nom de sa branche, Chevalier, Sire de Chamboy, mourut avant l'année 1363, laissant de son mariage avec Jeanne de FAY un fils qui suit.

Jean de TILLY II, du nom de sa branche, Chevalier, Sire de Chamboy, qualifié Monseigneur en plusieurs actes, fut l'un des cinquante hommes d'armes de la Compagnie de Messire, Jean de la Ferté Fresnel, Maréchal de Normandie depuis le 24 mars 1358 jusqu'au 28 mars 1368, suivant un compte de Nicolas Odde, Trésorier des guerres. Il fit, en 1362, l'acquisition de la terre de Moissic et passa une transaction le 6 décembre 1363 avec son oncle Thibaut au sujet de la terre de Milly : Il en reçut en échange la possession des terres à lui appartenant à Villebert en Brie et la châtellenie de Melun. Il était, en 1371, l'un des Chevaliers de la Compagnie de Messire Robert de Harcourt, servit en 1372 dans la Compagnie de Monseigneur le Comte d'Alençon, Comte du Perche, se trouva au siège de Cognac en 1375 et fut ensuite Chef d'une Compagnie avec laquelle il servit en 1382 et 1383 dans la guerre contre les Anglais et les Flamands.

Il avait épousé, le 4 mars 1364, MARGUERITE DE SACQUAINVILLE, fille de Guillaume de Sacquainville, dit Sacquet, et de Péronnelle de Comin, et sœur de Jean de Sacquainville, dit aussi Sacquet, Seigneurs de Blaru, des Botereaux et de Muchegros, dont entre autres enfants :

1° JEAN DE TILLY, qui suit ;

2° GUILLAUME DE TILLY, Ecuyer, l'un des douze Ecuyers de la Compagnie de Robin de Chaumoncel dont la montre fut faite à Rouen le 27 septembre 1415, et qui laissa une fille, nommée MARGUERITE, épouse de Guillet Martel, Seigneur de Longueuil ;

3° JEANNE DE TILLY, mariée le 11 juin 1382, par contrat passé par devant Gervais Gueruler Clerc tabellion juré en la châtellenie d'Argentan, à Jean de Blosset, Chevalier Seigneur de Carrouges, et qui eut en dot le fief de Messey.

JEAN DE TILLY III, du nom de sa branche,

Chevalier Seigneur de Chamboy, Conseiller Chambellan du Roi Charles VI, servit en qualité d'homme d'armes dans la Compagnie de Messeigneurs Guillaume Paynel, Jean Sire de la Ferté et Hervé de Mauny, suivant un compte de Jean Le Flamant, Trésorier des vivres du Roi, du 1er mars 1388. Il reconnut, le 14 janvier 1390, tenir par foy et hommage de très noble et puissant Prince Monseigneur le Comte d'Alençon et du Perche, Sire d'Exmois, un fief de haubert entier *aux us et coutumes* de Normandie dont le chef était La Tour et Ville de Chamboy.

Il est compris avec neuf escuyers de sa Compagnie dont revue fut faite devant Compiègne le 1er mai 1414 pour servir sous Monseigneur d'Alençon, dans un compte de Simon Raguier, Trésorier des guerres du Roi, du 17 août 1413 et fut tué à la bataille d'Azincourt, le 25 octobre 1415.

Il avait épousé BEATRIX DE CLERMONT, de la Maison des Comtes de Clermont en Beauvoisis, qui a donné deux Connétables, plusieurs Maréchaux de France et autres grands Officiers de la Couronne, fille de René, Sire de Clermont et de Perrette d'Estouteville, fille elle-même de Michel d'Estouteville et de Marie, Dame de la Rocheguyon.

Il laissa de ce mariage :

1° HENRY DE TILLY, Chevalier, Seigneur de Chamboy, qui vivait en 1436 ;

2° GUILLAUME DE TILLY, qui suit ;

3° PIERRE DE TILLY, tige de la branche des Seigneurs de Blaru, rapportée ci-après (p. 25);

4° THOMAS DE TILLY, Escuyer, qui passa procuration avec ses frères, le 19 août 1450, eut en partage dans la succession de son père les Seigneuries de Moissy et de Campremy et laissa un fils nommé Thierry, qui vivait en 1490:

5° JEHAN DE TILLY, Escuyer, Seigneur de Fourges, La Fortinière et Equatreul, dont la descendance est rapportée page . .

6° MARGUERITE DE TILLY, épouse de Jean de Tictot.

GUILLAUME III DE TILLY, Chevalier, Seigneur de Chamboy, qui dès sa jeunesse porta les armes pour le Roi Charles VII, abandonna ses biens pour s'attacher à ce Prince et contribua au recouvrement de la Normandie sur les Anglais, ne laissa de CATHERINE DE LA MOTTE, son épouse, qu'une fille :

JEANNE DE TILLY, héritière de sa branche, qui porta la terre de Chamboy à Olivier de Rosnivivens, Chevalier, son mari, dont les descendants possédaient encore cette terre en 1778.

JEHAN DE TILLY, Chevalier, Seigneur de Chamboy, Seigneur de Fourges, épousa............ dont il eut :

1° GUILLAUME DE TILLY, Chevalier, Seigneur de Chamboy, qui suit ;

2° PERRETTE DE TILLY, épouse de Gilles de Selles, Chevalier, fils de Guillaume de Selles.

GUILLAUME IV DE TILLY épousa MARGUERITE DE LUXEMBOURG, veuve de Raoul Caffinel, Chevalier, dont sont issus :

1° ANTOINE DE TILLY, Baron d'Auffay, qui laissa une fille JEANNE mariée à Michel de Hotot, Seigneur et Châtelain de Beaumont le Richard en Bessin ;

2° JEAN DE TILLY, Chevalier, marié à MARIE DE BOUCHARD, fille de Guion Bouchard, Seigneur de Boucheville et Du Mesnil Hamé et de dame Anne de Bouillé, dont il eut :

a) JEAN DE TILLY, Chevalier, mort sans postérité, et

b) JEANNE DE TILLY, épouse de Jean de Rosni-vivens, Chevalier ;

3° ELISABETH DE TILLY.

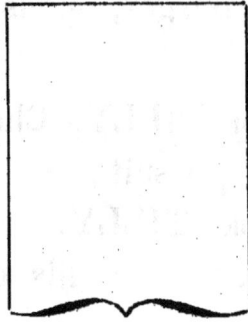

BRANCHE

DES

SEIGNEURS DE BLARU

PIERRE DE TILLY II du nom, Ecuyer, Contrô-
leur des gens d'armes et de trait de la garnison
d'Exmes vers l'an 1448, Sire de Tilly, Seigneur
de Blaru, des Botériaux et de Muchegros, fils de
Jean de Tilly, Seigneur de Chamboy, et de Beatrix
de Clermont, eut en partage la terre de Blaru.

Il eut procuration de ses frères, en date du 19
août 1434, pour se porter héritier de Jehan de
Saquainville, leur grand'oncle, mort sans postérité
à la bataille d'Azincourt le 25 octobre 1415, dont

il obtint lettres du 22 avril 1452, lesquelles furent
enregistrées aux assises de Vernon, et transigea le
8 novembre 1458 au sujet de la Seigneurie du dit
Seigneur Johan de Sacquainville.

« Voyant qui était viel et ancean et fort débilité
« de ses membres à cause de son antiquité, et qu'il
« ne pourrait bonnement faire au Roy aide ne
« service en ses guerres ainsi que mestier serait et
« considérant que Johan son fils était chargé de sa
« femme et de neuf petits enfants et qu'il avait
« servi pour lui depuis dix ans en toutes les mon-
« tres, guerres et guernisons qu'il lui convenait
« d'envoyer pour satisfaire aux mandements du
« Roy, même que le dit Johan partait ce jour et
« allait en sa place servir sa Majesté contre le Duc
« de Bourgogne, dans lesquelles guerres il pouvait
« être tous les jours en danger de perdre la vie, et
« que s'il mourrait avant son dit père, ses biens
« passeraient à Jehanne sa fille, à cause de la cou-
« tume du pays de France, où la plus grande partie
« de la terre de Blaru et principalement le Châtel
« était situé, et qu'ainsi les enfants dudit Jehan
« seraient privés et déboutez de sa succession, lui
« fit donation le lundi 28 janvier 1470 devant
« maître Johan Le Sac et Robert le Sac, clercs,
« tabellions jurés pour le Roy, en la Prévôté de
« Vernon, de la dite terre et Seigneurie, fief et
« Chastellenie de Blaru, à condition de servir le

« Roy en tous ses services où ledit Pierre était
« sujet, à cause de la même terre. »

Il eut pour femme, le 28 janvier 1445, GUILLE-
METTE ou MARGUERITE DE CLINCHAMP, fille de
N...., de Clinchamp et de N.... de Morainvilliers
dont :

1° JEAN DE TILLY qui suit ;

2° JEANNE DE TILLY, mariée deux fois, la première avec Jean Moreau, Seigneur de Pestoux,
et la seconde avec Guillaume de la Faye,
Seigneur de la Briochère.

JEAN DE TILLY I du nom de sa branche, Chevalier Sire dudit lieu, Seigneur et Châtelain de
Blaru au Comté de Mantes, par démission que lui
en fit son père le 28 janvier 1470, porta les armes
pour le Roi Louis XI dès son avènement au trône,
fut mandé par ce Prince en 1470, pour se trouver
dans l'armée qu'il avait levée contre le Duc de
Bourgogne et mourut en 1478.

Il avait épousé par contrat du 1er juin 1457, reçu
par Colin de la Haye, tabellion de la Ferté Ernaut,
MARIE DE BERNEZAY, fille de Jacques de Bernezay, Seigneur de Launay, Chevalier, et nièce de
Jean de Vendôme, Vidame de Chartres, dont il eut
entr'autres enfants :

1° JEAN DE TILLY qui suit ;

2° CLAUDE DE TILLY, Seigneur de Peray et de Pré, homme d'armes de la Compagnie de Monseigneur le Comte de Dreux en 1519, puis de la Compagnie des cent lances des Ordonnances du Roi sous la charge de Monseigneur le Comte de Réthel en 1523, qui testa le 7 février 1538 et mourut le 24 février 1540. Il vendit la terre de Pré à Jacques de Vaudray, Seigneur de Mouy, laquelle fut depuis retirée par Jean de Tilly, son petit neveu ;

3° LUCAS DE TILLY, Chevalier en 1531 ;

4° PIERRE DE TILLY, Curé du Port de Villiers, Doyen de Vernon en 1525, mort l'an 1550 ;

5° MARIE DE TILLY, religieuse dans l'Hôtel-Dieu de Vernon;

6° CATHERINE DE TILLY.

JEAN DE TILLY II, du nom de sa branche, Seigneur de la Chastellenie, terre et Seigneurie de Blaru et du Port de Villiers, obtint du Roi Louis XII, le 16 octobre 1498, des lettres par lesquelles Sa Majesté lui fit don de tous les droits de relief, rachat, finance et autres devoirs seigneuriaux quelconques qu'il pourrait lui devoir à cause de la Seigneurie et Chastellenie de Blaru, tenue et

mouvante d'Elle, à cause de son Chatel de Mantes
et échue au dit Jehan par le décès de son père, en
considération des bons et grands services que lui et
les siens avaient faits à ses prédécesseurs Roys de
France et de ceux qu'il lui rendait encore en ses
guerres et autrement en maintes manières.

Il eut pour femme, par contrat du 2 août 1501,
passé par devant Roussin et Livron, notaires jurés
en la Cour Royale de Bourgonnel, FRANÇOISE
L'ADVOCAT, fille de Robert L'Advocat, Chevalier, Seigneur de Longchamp, et de Julienne de
Beaumanoir, son épouse.

Il fut créé Gouverneur et Bailli des Ville, Château et Comté de Dreux par don de Jean d'Albret,
Comte de Dreux, dont il était le Chambellan, le
14 juillet 1510, pour en jouir par lui pendant sa
vie et passer après sa mort à l'aîné de ses fils, sans
qu'il fut tenu prendre de nouvelles lettres.

Il était mort le 1er janvier 1516 et sa femme
mourut en l'an 1524, laissant :

1° CHARLES DE TILLY, qui suit ;

2° ADRIEN DE TILLY ;

3° GUILLAUME DE TILLY ;

4° JEAN DE TILLY, rapporté avec sa postérité,
page .

5° CHRISTOPHE DE TILLY, Abbé de Ressons,
Religieux profès de l'Abbaye de la Croix

Saint Leuffroy, ordre de St Benoît, Curé de Blaru, mort le 23 octobre 1580 ;

6' FRANÇOISE DE TILLY, âgée de 30 ans environ le 13 août 1545 et morte sans avoir été mariée ;

7° MARGUERITE DE TILLY, femme de Jean de Biars, Seigneur de Saint-Georges le Gautier en 1545.

CHARLES DE TILLY, Seigneur Châtelain de Blaru, du Port de Villiers et du Grand Poligny en Anjou, Bailli, Capitaine et Gouverneur des Ville, Château et Comté de Dreux, Chevalier de l'ordre de Saint-Michel et Chambellan du Roi de Navarre, fut gratifié par le Roi François Ier, le 1er janvier 1516, de tous les droits de reliefs, etc., qu'il devait à ce Prince, à cause de sa Seigneurie et Chatellenie de Blaru, mouvante de Sa Majesté, à cause de son Châtel de Mantes. Servit en qualité d'homme d'armes dans la Compagnie des cent lances fournies des Ordonnances du Roi sous la charge de M. le Comte de Réthel, Gouverneur de la Champagne, dont montre fut faite à Rennes le 4 juillet 1523, puis dans la Compagnie de Monseigneur le Comte de Guise, Gouverneur de la Champagne et de la Brie, dont montre fut faite à Barsur-Aube, le 22 août 1525, puis fut admis au nombre des cent gentishommes ordinaires de la Maison du Roi, sous la charge de M. Jehan de Créquy, Seigneur de Canaples, suivant un rôle de l'année 1546.

Il comparut à la rédaction des coutumes des Baillages et Comté de Mantes et Meulant faite le 21 octobre 1556 par Christophe de Thou, Président, fut nommé en 1562 Enseigne de la Compagnie des cent gentishommes de la Maison du Roi, sous la charge de M. le Comte de Sancerre et fit hommage, le 15 janvier 1563, de sa terre de Blaru à Catherine, Reine de France, mère du Roy, Comtesse de Mantes et de Meulant.

Il avait épousé, par contrat du 7 juin 1525, passé en la prévôté d'Ogie, par devant Nicolas et Jehan Hubert, notaires du Roi au Bailliage de Senlis, Louise de VAUDRAY, d'une des plus anciennes Maisons de Franche-Comté, fille de Jacques de Vaudray, Seigneur de Mouy et de Saint-Phalle, et de Blanche de Conflans son épouse.

Il transigea avec Françoise de Tilly, sa sœur, le 13 août 1545, et mourut le 11 janvier 1564, laissant de sa femme décédée le 21 août 1551 :

1º CHARLES DE TILLY II du nom, Chevalier de Blaru, Enseigne de la Compagnie d'hommes d'armes du Comte de Rochefort, puis Capitaine d'une Compagnie de cinquante hommes d'armes. Celui-ci reçut, le 20 avril 1547, le brevet de Gouverneur de la place de Ligni qui lui fut donné par François, Duc de Nivernais, dont il était gentilhomme ordinaire et fut tué à la bataille de Moncontour, le 3 octobre 1569, par les protestants, sans avoir été marié ;

2° JACQUES DE TILLY, qui suit ;

3° FRANÇOIS DE TILLY, mort sans lignée en 1581 ;

4° JEAN DE TILLY, mort jeune en 1536 ;

5° ADJUTOR DE TILLY, Ecuyer, Seigneur de Poligny, terre située en la paroisse de Parcé, en Anjou. Celui-ci fut d'abord Religieux profès en l'Abbaye de Notre Dame de Ressons, ordre des Prémontrés, quitta son couvent, porta les armes, fut l'un des cinquante hommes d'armes de la Compagnie de Louis de Vieux-Pont, Chevalier, Seigneur et Baron de Neufbourg, dont la montre fut faite à Paris le 16 novembre 1567, et se maria, suivant la transaction que Jacques et François, ses frères, passèrent avec lui le 2 janvier 1579, par laquelle ils lui donnèrent la terre et Seigneurie de Polligny, en Anjou.

De sa femme CATHERINE BOUJU il eut une fille DEBORA DE TILLY, qui épousa, le 1er mars 1593, Philippe d'Erneville, Seigneur de la

Vallée et de Launay, gentilhomme ordinaire de la Chambre du Roy ;

6° MARIE DE TILLY, femme d'Antoine de Harguenil, Seigneur de Bonhoust dont elle fut veuve en 1565 ;

7° JEANNE DE TILLY, femme de Jean de Saint-Morits, Seigneur de Mesnil Simon, Lieutenant des cent gentishommes de la Maison du Roi, sous la charge de M. de Lanssac, Chevalier de son ordre, gentilhomme ordinaire de sa Chambre ;

8° DEBORA DE TILLY, mariée à N.... de Bigars et de Reneinville et de Launay.

JACQUES DE TILLY, Seigneur et Châtelain de Blaru, du Port de Villiers, du Grand Poligny en Anjou, de Villelegast et Chauffour, de Jeufosse, de Haucour, gentilhomme ordinaire de la Chambre des Rois Charles IX et Henri III, Enseigne en 1593, puis Lieutenant en 1595 des cent gentishommés ordinaires de la garde du Roi Henri IV sous la charge de M. de Rambouillet, Chevalier de son ordre, gentilhomme ordinaire de sa Chambre, Conseiller en tous ses conseils, transigea avec ses frères pour la succession de Charles de Tilly, leur frère aîné, le 1er décembre 1569, et fit à la même époque hommage au Roi de sa terre de Blaru.

3

Il avait été gratifié, par brevet signé du camp de la Lande le 18 août 1569 par la Reine Catherine de Médicis, de tous les droits et devoirs seigneuriaux qu'il était tenu de lui payer pour la terre de Blaru, mouvante de Sa Majesté, en considération que le dit Jacques avait été blessé d'un coup d'arquebuse pour le service du Roi à la bataille de Moncontour et que son frère y avait été tué.

Il épousa, le 3 novembre 1571 (?) au Château et lieu seigneurial de Caigny, devant Thibaul Le Besgue et Lucien Hanicque, notaires royaux en la Chastellenie de Milly, Comté de Clermont en Beauvoisis, ADRIENNE DE BOUFFLERS, fille d'Adrien de Boufflers, Seigneur dudit lieu, de Caigny, Haucourt, Vrocourt, Conches, Lisecourt, Rouverol, Milly dans le Comté de Clermont, grand Bailli de Beauvais, trisayeul de Louis-François, Duc de Boufflers, Pair et Maréchal de France, et de Dame Louise d'Oyron, son épouse, dont :

1° LOUIS DE TILLY, qui suit ;

2° JEAN DE TILLY, Seigneur de Prémont, auteur de la branche des Seigneurs de Prémont rapportée ci-après, page   .

3° PIERRE DE TILLY, Seigneur de Villelegast, auteur de la branche des Seigneurs de Mondréville, également rapportée ci-après, p.   .

7° ANTOINETTE DE TILLY, femme de Charles de Croismare, Seigneur de Saint-Jean, de Pormorts et de Chauffour, qu'elle épousa le deux décembre 1599 ;

5° MAGDELENE DE TILLY, femme de Pierre-Gabriel de Limoges, Seigneur de Saint-Just, du Fayol et de la grande Frai, le 6 février 1593, gentilhomme servant du Roi et Capitaine de ses gardes.

LOUIS DE TILLY, Seigneur et Châtelain de Blaru, du Port de Villiers, Jeufosse et Villelegast, Chevalier de l'ordre du Roi, Lieutenant d'une compagnie de cinquante hommes d'armes des Ordonnances du Roi sous la charge de M. de Mouy, fit, en 1598, le 21 avril, suivant lettres de Sa Majesté, hommage au Roi de sa terre de Blaru.

Lieutenant dans la compagnie des cent gentishommes de la Maison du Roi en l'an 1614, sous la charge de M. le Vicomte de Brigueil, puis Capitaine d'une compagnie de cinquante chevaux légers, il fut fait Conseiller privé et Conseiller d'Etat d'Epée par brevet du 25 février 1615.

Agé de 50 ans, le 23 mai 1611 il assista en qualité de témoin au procès-verbal des preuves faites par Lancelot de Monthiers pour être reçu Chevalier de l'ordre de Saint-Jean de Jérusalem, et en 1614, le 16 juillet, il fut député par la noblesse du Bailliage de Mantes et de Meulan pour assister en son nom à l'Assemblée des Etats Généraux du Royaume et présenter au Roi leurs cahiers.

Il mourut en 1635, laissant de son mariage accordé le 11 septembre 1598, devant Huguenier et Repérant, notaires au Chastelet de Paris, avec demoiselle MARIE LEPELLETIER DE LA HOUSSAYE, fille de Charles-Nicolas Le Pelletier de la Houssaye, Seigneur de Chateaupoissi, Conseiller d'Etat pour le Roi à Mantes, et de Dame Marie Bouguier, son épouse, 4 garçons et une fille, savoir :

1° CHARLES DE TILLY qui suit ;

2° ADRIEN DE TILLY, Seigneur de Villelegast, auteur de la branche des Seigneurs de Villelegast rapportée ci-après, page 47.

3° LOUIS DE TILLY, Seigneur de l'Orcéau, tige de la branche de l'Orcéau, aussi rapportée ci-après, page 49.

4° JACQUES DE TILLY, né sur la paroisse de St-Hilaire de Blaru, le 8 novembre 1610, Chevalier Enseigne d'une compagnie en Hollande pour le service du Roi, mort en 1666 ;

5° CLAUDE DE TILLY, Religieuse à Poissy, morte en 1664.

CHARLES DE TILLY III du nom, Chevalier, Seigneur et Châtelain de Blaru, Jeufosse, Anfreville, la Champaigne, gentilhomme de la Chambre et gentilhomme ordinaire de la Maison de Monseigneur le Duc d'Orléans, fut Gouverneur pour le Roi des Ville et Château de Vernon, par brevet du 8 février 1644, Capitaine des chasses du Roi pour les forêts d'Andelys, Gisors, Gani, Bacqueville, et Conseiller du Roi en tous ses conseils.

Il obtint au mois de mai 1659 des lettres patentes enregistrées à la Chambre des Comptes de Paris en octobre 1660 et au Parlement le 12 décembre 1661, portant érection de sa Châtellenie de Blaru en titre et dignité de Marquisat sous le nom de Blaru pour lui, ses enfants, successeurs et ayant causes, masles nés ou à naître en légitime mariage, Sa Majesté considérant qu'il s'était rendu digne de cette grâce pour les services qu'il avait rendus tant dans les divers emplois qu'il avait eus dans ses armées qu'en retenant dans le temps des derniers troubles les habitants de Vernon dans l'obéissance qu'ils lui devaient, que ses prédécesseurs avaient pareillement rendu plusieurs services à ceux de Sa Majesté, tant dans les armées au dit gouvernement de Vernon qu'ils avaient possédé dès l'an 1300, qu'au gouvernement de la Ville de Dreux dont Charles de Tilly, bisayeul dudit Seigneur de Blaru, avait été Gouverneur, Capitaine et Bailly, et Sa Majesté voulant l'honorer d'un titre convenable à ses mérites et à sa naissance reconnue illustre depuis plus de 600 ans et étant informée qu'il possédait ainsi que ses prédécesseurs depuis plus de 400 ans ladite Chatellenie de Blaru et Seigneuries en dépendant, mouvant et relevant d'Elle en plein fief, à cause de son Comté de Mantes.

Il fit hommage au Roi, le 17 août 1663, en raison dudit Marquisat, et eut acte de la réputation de ses titres de noblesse comme d'ancienne et illustre maison devant Mᵉ Barin de la Galissonnière, Intendant à Rouen, le 18 août 1666.

Il eut deux femmes :

La première, en l'an 1627, le 12 septembre, par contrat passé au Chastelet de Blaru, devant Guillaume du Pré, tabellion juré au Bailliage et Chastellenie de Blaru, fut Prudence de la Haye, Dame d'Anfreville et de la Champagne, fille de Philippe de la Haye Chantellou, Chevalier de l'ordre du Roi, et de Prudence de Cannonville, de laquelle il n'eut pas d'enfants.

La seconde, le 29 juillet 1640, par contrat passé à Pennilleuze par devant Jehan Festre, praticien juré commis au notariat de Vernon, a été Claude d'Arcona, fille d'Adrien d'Arcona, Chevalier Seigneur de Jeucourt et Heubecourt et du Quesnoy, et de Dame Louise de Clère Panilleuse, son épouse.

Ce dernier mariage lui donna sept garçons et quatre filles, qui furent :

1° Charles de Tilly, mort à l'âge de deux ans, un autre

2° Charles de TILLY, qui suit ;

3° Henri de TILLY, Seigneur de Bionval, Enseigne de la compagnie colonelle du Régiment de Picardie, puis Major du régiment d'infanterie d'Anjou ;

4° Maximilien de TILLY, reçu Chevalier de l'ordre de Malte au grand Prieuré de France, le 20 février 1654 ;

5° Robert de TILLY, destiné à l'état ecclésiastique ;

6° Charlotte de TILLY, Religieuse à Poissy ;

7° Elisabeth de TILLY, femme de Jacques de Créquy, Seigneur de Hemon, Chevalier Seigneur de Hauville, Capitaine au régiment de Picardie ;

8° Claude de TILLY, morte jeune ;

9° Marie-Claude de TILLY, morte aussi dans sa jeunesse ;

10° Jacques de TILLY ;

11° Hubert de TILLY.

Charles de TILLY IV du nom, Marquis de Blaru, Chevalier Seigneur du Port de Villiers, Jeufosse, Villelegast, fut baptisé le 23 juin 1645 dans l'église paroissiale de St-Hilaire de Blaru.

Capitaine dans le régiment du Roy, infanterie,

il servit dans la guerre de Hollande terminée par
le traité de Nimègue en 1678, et en récompense
de ses services à cette armée fut nommé Gouverneur pour le Roy des Ville et Château de Vernon
et de Vernonnet, par brevet du 23 juin 1672, daté
du camp de Doesberg, puis Lieutenant du Roi pour
le gouvernement de la province de l'Isle de France
et Capitaine des chasses de Sa Majesté dans les
forêts de Vernon, Andelys, Baqueville et Guany.

Il fit, le 24 mars 1677, hommage au Roy pour
sa terre de Blaru et fut maintenu dans sa noblesse
avec ses frères et ses enfants par ordonnance du
23 novembre 1703. Il était mort le 16 mai 1726.

Il avait épousé, le 31 mars 1685, par contrat
passé au Château de Bazincourt près Gisors, devant
Antoine Doyen, Conseiller du Roy, notaire gardenotes de Sa Majesté au Chatelet de Paris, CATHE-
RINE-ÉLISABETH DE MANNEVILLE, tante de Henry
Joseph Marquis de Manneville, père de la Duchesse
de Mortemar et fille de François-Bonaventure
Comte de Manneville, Marquis de Charlesmesnil,
Seigneur de Bazincourt, etc., et de Dame Marguerite d'Aligre, fille du Chancelier de France, dont
il eut :

1º N. DE TILLY, page de la Chambre du Roi,
   mort au sortir des pages ;

2º FRANÇOIS-BONAVENTURE DE TILLY, qui suit ;

3º HILAIRE DE TILLY, qui suit également, p. 44.

4° PIERRE DE TILLY ;

5° ARMAND DE TILLY ;

6° CHARLES DE TILLY ;

7° ADJUTOR DE TILLY ;

8° CLAUDE-CHARLOTTE DE TILLY, mariée à Jean-Baptiste-Julien Danican de l'Epine, Chevalier Seigneur d'Annebaut, de Pontaudemer, Conseiller au Parlement de Paris, Conseiller du Roi, Maître ordinaire en sa Chambre des Comptes, second fils du Chevalier de Saint-Michel ;

9° CATHERINE-ELISABETH DE TILLY, Coadjutrice de l'Abbesse de Sᵗᵉ-Ostreberte de Montreuil ;

10° BARBE-ROSE DE TILLY ;

11° ROSEMONDE-LOUISE DE TILLY.

FRANÇOIS-BONAVENTURE DE TILLY, Chevalier Marquis de Blaru, entra au service en qualité de Lieutenant réformé au régiment de Luynes, cavalerie, le 11 décembre 1719. Il fut fait capitaine au régiment, Mestre de camp général des dragons le 18 mai 1721, devint exempt avec brevet d'Enseigne dans les gardes du corps du Roi, compagnie de Villeroy le 24 mars 1735, passa par tous les grades, fut créé Maréchal de camp le 10 mai 1748, Lieutenant général le 25 juillet 1762 par lettres datées de Versailles et Lieutenant aux gardes du corps de Sa Majesté, compagnie de Villeroy, par brevet du 2 mars 1763.

Il fit, en 1733 et 1734, les campagnes de l'armée du Rhin et celles de Flandre et d'Allemagne et fut blessé à la bataille d'Ettlingen.

Il fut nommé Chevalier de l'ordre royal de St-Louis le 23 juillet 1738 et Commandeur le 17 mai 1773.   *(Etats militaires).*

Il mourut le 10 janvier 1775, à l'âge de 74 ans, en sa terre de Blaru près Vernon. Il avait épousé, le 21 septembre 1723, devant du Tartre, Doyen Conseiller du Roi, notaire au Chatelet de Paris, MARIE-ANNE LE NAIN, fille de Jean Le Nain, Conseiller du Roi en ses conseils privés, premier Avocat général au Parlement de Paris, et de Marie de Maseramy, qui lui donna :

1° FRANÇOIS-HILAIRE DE TILLY, qui suit ;

2° N. DE TILLY ;

3° MARIE-CHARLOTTE DE TILLY, morte le 13 octobre 1724, à l'âge de deux mois ;

4° MARIE-ELISABETH DE TILLY, née le 30 septembre 1727 ;

5° GENEVIÈVE-MARIE DE TILLY, née le 3 janvier 1731, épouse en premières noces, le 2 mai 1751, de François Bidal, Marquis d'Asfeld, fils du Maréchal de ce nom, ancien Capitaine de dragons, et en deuxièmes noces, le 2 août 1760, de son cousin Jean-Vincent-Claude Le Nain, Intendant de Moulins, dont naquit un fils.

FRANÇOIS-HILAIRE DE TILLY, Marquis de Blaru, né le 8/9 février 1729, à St-Hilaire de Blaru, en l'Isle de France, diocèse d'Evreux. Page en la Petite Ecurie le 1er avril 1742 sous la charge du Marquis de Beringhen, premier Ecuyer du Roi, fut nommé Capitaine de dragons au régiment de Languedoc le 20 octobre 1745, Chevalier de l'ordre royal et militaire de Saint-Louis en 1763 ; Lieutenant-Colonel le 10 février 1764 ; Enseigne des gardes du corps dans la compagnie de Villeroy le 25 août 1773 ; Lieutenant le 1er janvier 1776, Brigadier de cavalerie le 1er mars 1780, Commandant d'escadron le 18 du même mois et Maréchal de camp le 1er janvier 1784.

Il fit les campagnes de 1744 et 1745 (Flandre) ; 1746 (Italie) ; 1761 et 1762 (Allemagne).

Il a été radié de la liste des émigrés en 1795.

Marié le 10 octobre 1765 dans l'église paroissiale de St-Jean de la ville de Caen à Mademoiselle ANNE-CÉCILE-ADÉLAÏDE LE VICOMTE DE VILLY, fille de Pierre-Charles Le Vicomte, Chevalier Seigneur de Villy, Vauville, etc., il eut un fils, FRANÇOIS-HENRI-HILAIRE DE TILLY, qui suit.

FRANÇOIS-HENRI-HILAIRE DE TILLY, Marquis de Blaru, né à Caen le 22 octobre 1766, entra aux gardes du corps, compagnie de Villeroy, le 26 septembre 1779, fut nommé Capitaine au régiment de la Reine (dragons) le 11 juin 1786, puis Sous-Lieutenant aux gardes du corps avec rang de Lieutenant-Colonel de cavalerie le 18 avril 1788.

Licencié le 12 septembre 1791, il rentra comme Lieutenant aux gardes du corps, compagnie de Raguse, le 1er juin 1814, avec rang de Colonel.

Breveté Maréchal de camp le 10 août 1814, il passa à la compagnie de Gramont.

Lieutenant-Commandant le 6 août 1823, il fit la campagne d'Espagne (1823-1824) comme Commandant les escadrons de guerre de la Maison militaire du Roi et fut retraité par ordonnance du 11 octobre 1834.

Il était Officier de la Légion d'Honneur le 1er mai 1825 et avait été fait Commandeur de Saint-Louis le 29 octobre 1826.

HILAIRE Comte DE TILLY, troisième fils de Charles de Tilly, marquis de Blaru, et d'Elisabeth de Manneville, Chevalier de Malte non profès, mort à St-Domingue, le 24 novembre 1756, âgé de 55 ans environ, épousa en 1734, le 8 novembre, par contrat passé à Rouen devant Le Mogne et Coignard l'aîné, Conseillers du Roi, notaires

gardenotes à Rouen, HENRIETTE-MARIE-MAGDELENE-
ANNE LE ROULX, fille de Jean-Louis Le Roulx,
Ecuyer, Seigneur de la Motte, et de Dame Made-
lene Benoit de la Barre, dont il eut :

1º EDOUARD-HILAIRE-LOUIS DE TILLY, qui suit ;

2º CHARLES DE TILLY, né le 24 janvier 1739,
   baptisé le lendemain en l'église de St-Jacques
   du Haut-Pas à Paris, Chanoine de l'Eglise
   Métropolitaine de Paris, Vicaire général du
   diocèse de Narbonne par lettres de Monseigneur Dillon, Archevêque de cette ville, du
   30 novembre 1764, puis Vicaire général du
   diocèse de Langres ;

3º MARIE-ANNE-FRANÇOISE DE TILLY, née le 12
   novembre 1735, baptisée dans l'église de St-
   Pierre du Petit-Quevilly de Rouen, Abbesse
   de l'Abbaye du Puy-d'Orbe, diocèse de Langres, en 1774 ;

4º MARIE-ANGÉLIQUE-FRANÇOISE DE TILLY, née
   le 29 avril 1741, à Paris, sur la paroisse de
   St-Jacques du Haut-Pas, et élevée à l'Abbaye
   royale des Demoiselles de Saint-Cyr.

EDOUARD-HILAIRE-LOUIS, Comte DE TILLY,
Seigneur de Saint-Audeux, Joux, Ferrières et Cusy
en Bourgogne, Bailliage de Saulieu, né le 6 février
1738 et baptisé le 7 en l'église de St-Benoît à Pa-

ris, fut nommé par le Roi Lieutenant, puis Capitaine dans le régiment d'infanterie d'Aumont par commission datée du 13 avril 1761.

Colonel, Chevalier de St-Louis, Commandant de la Grande Terre Guadeloupe, puis Brigadier des armées du Roi, Commandant en second des îles de Guadeloupe et dépendances, il mourut le 15 décembre 1785.

De son mariage, suivant contrat passé le 5 décembre 1772 devant Dupin et P. Emerigon, notaires royaux de l'Isle Martinique, avec Mademoiselle MARIE-MAGDELENE-CATHERINE-CHARLOTTE DE BOISFERMÉ, fille de Louis-Charles-Bonaventure de Boisfermé, Ecuyer, Seigneur de la Guerinery, ancien Capitaine des troupes de la Marine, et de Dame Marie-Marguerite Combet de Lamitonnière, il eut un fils et une fille :

1° EDOUARD-AUGUSTE-MARIE DE TILLY, né le 10 septembre 1773 à Saint-Pierre de la Martinique, garde du corps du Roi le 27 octobre 1788 ;

2° ANNE-MARIE-LOUISE-HENRIETTE DE TILLY, âgée de 9 ans le 21 mars 1786.

BRANCHE

DES

SEIGNEURS DE VILLELEGAST

ADRIEN DE TILLY, Chevalier, Seigneur de Villegast, second fils de Louis de Tilly, Seigneur et Châtelain de Blaru, et de Marie Le Pelletier de la Houssaye, son épouse, né en juillet 1605, mort le 26 janvier 1658, fut Capitaine d'infanterie en 1630 et Sergent-Major au régiment de Monsieur le Marquis des Fossèz, Aide de camp des armées du Roi et Lieutenant de Roi au Gouvernement de Vernon le 20 juin 1646; il fut père, par sa femme MARIE DE

BORDEAUX, fille de Jacques de Bordeaux, Seigneur du Buisson du May et de Magdelene Bouchard, qu'il épousa le 5 août 1638, devant Guillaume du Pré, tabellion de Blaru, de trois garçons et quatre filles, savoir :

1° CHARLES DE TILLY, qui suit ;

2° JACQUES DE TILLY, destiné à l'état ecclésiastique, né le 18 mars 1643 ;

3° HUBERT DE TILLY, Chevalier, né le 21 décembre 1645 ;

4° MAGDELENE DE TILLY, femme de Guillaume de Lambert, Seigneur de Buissonfoluc ;

5° CLAUDE DE TILLY, morte à Vernon en 1669 ;

6° CATHERINE DE TILLY, Religieuse à la Congrégation de Vernon ;

7° FRANÇOISE DE TILLY, Religieuse à la même Congrégation.

CHARLES DE TILLY, Seigneur de Villelegast, né le 10 septembre 1641, fut Lieutenant mestre de camp du régiment du Roi et Lieutenant au Gouvernement de Vernon le 6 décembre 1657.

XXXXXXXXXXXXXXXXXXXXXXXXX

BRANCHE

DES

SEIGNEURS DE L'ORCÉAU

LOUIS DE **TILLY**, Chevalier, Seigneur de l'Orcéau au Bailliage de Gisors, troisième fils de Louis
de Tilly, Seigneur et Châtelain de Blaru, et de
Marie Le Pelletier de la Houssaye, son épouse,
fut baptisé en la paroisse de Saint-Hilaire de Blaru
le 5 novembre 1609.

Lieutenant d'une compagnie dans le régiment de
M. le Marquis des Fossèz, il se maria en l'an 1642,
le 13 novembre, avec ANNE D'ACON, veuve de
Jacques de Crémeur, Chevalier, Seigneur du Gast,

fille et héritière d'Urbain, Seigneur d'Acon, et de Magdelene du Buat ou du Val, son épouse.

Il mourut le 24 avril 1667, laissant trois garçons qui furent :

1° PIERRE DE TILLY, Seigneur d'Acon, mort à l'Académie de Paris en l'an 1664;

2° URBAIN DE TILLY, qui suit;

3° HENRI DE TILLY, né le 2 février 1655, Chevalier, Seigneur de Saint-Ilier le Bon, Capitaine de cavalerie, puis Prieur de Notre-Dame de Théon.

URBAIN DE TILLY, Chevalier, Seigneur d'Acon et de Saint-Illier du Bois, des Espaizes, de Voisinet et des Boules, Capitaine de cavalerie dans le régiment du Duc d'Aumont, puis Lieutenant-Colonel du régiment de cavalerie de Grignan, naquit le 10 août 1651 et laissa plusieurs enfants de son mariage accordé le 4 février 1671, avec BARBE DE GUILLON, fille d'Antoine de Guillon, Seigneur de Marmousse, et de Dame Marie des Trappes de Pressi.

Ce furent :

1° HENRI DE TILLY, Lieutenant en 1696 au régiment de cavalerie de Grignan;

2° LÉONARD DE TILLY, Cornette à la même époque au même régiment;

3° BARBE DE TILLY, née et baptisée le 19 juillet 1688 à la paroisse de Saint-Denis d'Acon,
diocèse d'Evreux, Vicomté de Breteuil et élevée au couvent des Demoiselles de Saint-Cyr
où elle fut reçue en novembre 1696 ;

4° MARIE DE TILLY ;

5° N.... DE TILLY ;

6° N.... DE TILLY.

Cette branche est éteinte.

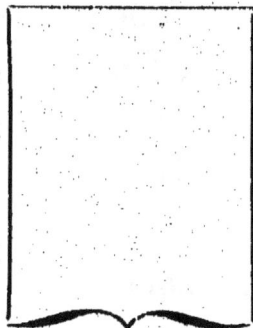

BRANCHE

DES

SEIGNEURS DE PRÉMONT

————

Jean de TILLY, Ecuyer, Seigneur de Prémont et de Vaudrémare, second fils de Jacques de Tilly, Seigneur et Châtelain de Blaru, et d'Adrienne de Boufflers, son épouse, fut Député de la noblesse du Bailliage de Rouen aux Etats de Normandie en 1606, le 15 novembre ; se maria par contrat passé au manoir seigneurial de Montigny le 14 octobre 1602, devant Jean Cappel, tabellion royal en la Sergenterie royale de St-Jeoire, et Pierre Douyere, son adjoint juré, avec Demoiselle FRANÇOISE-CA-THERINE AUBERT, deuxième fille de noble Seigneur Thomas Aubert, Seigneur de la Haye et de Montigny, Châtelain de Thieuville, et de noble Demoiselle Anne de Harbouville, et eut de ce mariage :

1° LOUIS DE TILLY, qui suit ;

2° CLAUDE DE TILLY, qui épousa, le 28 juin 1637, Louis de Loubert, Seigneur de Martain-ville, Escuyer Seigneur de Rochefort et de Longuehaie.

LOUIS DE TILLY, Seigneur de Prémont et de Pré, de Vandrimare et de la Herpinnière, fut bap-tisé le 13 juin 1604 à l'église paroissiale de Blaru et fut maintenu dans sa noblesse avec ses cousins le 18 août 1666.

Il eut deux femmes :

De la première, qu'il épousa par traité passé devant Michel Picquet et Charles Lefebvre, tabellions royaux de Pacy, au manoir et lieu seigneu-rial de Hardencourt, le mercredi 26 juin 1641, Demoiselle FRANÇOISE DE GORRON, fille de feu Henry de Gorron, Escuyer, Seigneur d'Hellemont, et de Demoiselle Marie Doublet, il eut une fille morte jeune.

De la seconde qu'il épousa par traité passé à Bretagnolles devant Michel Picquet l'aîné, tabellion royal à Pacy et Pierre Morin, tabellion à Bretagnolles, le 31 janvier 1654, Dame FRANÇOISE LE FORESTIER, veuve de Messire Gédéon du Buc-Richard, Chevalier Seigneur de Berchères et de Flexenville, il eut trois fils et trois filles :

1° JACQUES DE TILLY, qui suit ;

2' LOUIS DE TILLY, Seigneur de Prémont et de Pray ;

3' LOUIS DE TILLY, Seigneur de la Herpinière ;

4° LOUISE-CHARLOTTE DE TILLY ;

5° CHARLOTTE-FRANÇOISE DE TILLY ;

6" CLAUDE DE TILLY.

JACQUES DE TILLY, Chevalier Seigneur de Prémont, Capitaine au régiment de Béarn, épousa par contrat passé au lieu de Buisson-Ste-Marguerite, paroisse de Fourrainville, devant François Daufresne, principal tabellion juré aux baronnies d'Ivry et de Garennes, et Pierre Regnard, sergent au Bailliage d'Ivry, son adjoint, le 1er mars 1683, Demoiselle LOUISE-CATHERINE DE LOMMEAU, fille de feu Messire Jean de Lommeau, Chevalier Seigneur d'Oinville, Gaillon et autres lieux, et de Demoiselle Marguerite de Dampont ou Dampeuil.

De ce mariage naquirent :

1° Louis DE TILLY, qui suit ;

2° MARIE-FRANÇOISE DE TILLY Prémont, morte à l'âge de 86 ans, à Vernon, le 25 mai 1771 ;

3° MARGUERITE DE TILLY, décédée à Vernon en 1780.

LOUIS DE TILLY II du nom, Chevalier Seigneur de Prémont et du fief de Pré, né à Vernon le 3 septembre 1638, fut Capitaine d'une compagnie du bataillon de milice de Longuerue de la généralité de Rouen, par commission de Sa Majesté du 1er janvier 1734 et obtint ensuite la compagnie de soldats invalides par commission du 1er août 1743.

Il épousa, par contrat passé à Paris le 8 novembre 1719, devant Remy et son confrère, notaires en cette ville, Demoiselle MARGUERITE CHAUVEAU D'HÉRAINE, fille de Joseph Chauveau, Ecuyer, Seigneur d'Héraine, premier exempt des gardes de la Capitainerie de St-Germain en Laie et de feue Dame Françoise-Gabrielle Vergnet, dont il eut :

1° Louis-JOSEPH DE TILLY, qui suit, page 57.

2° JOSEPH-BONAVENTURE DE TILLY, né le 2 juin 1723, mort à Vernon le 6 octobre de la même année ;

3° HILAIRE DE TILLY, qui suit ;

4° JEAN-CHARLES-BAPTISTE-GABRIEL Chevalier DE TILLY, né à Vernon le 27 décembre 1728, Chevalier de l'ordre royal et militaire de St-Louis, Lieutenant, puis Capitaine en 1778 au régiment de Languedoc, dragons ;

5° HENRY Chevalier DE TILLY, né à Vernon le 16 mars 1730, Lieutenant, puis Capitaine de grenadiers vers 1778 au régiment de l'Indre à Pondichéry ;

6° MARIE-CLAUDE DE TILLY, née à Vernon le 22 août 1721, élevée au couvent des Demoiselles de Saint-Cyr ;

7° MARGUERITE DE TILLY, née à Vernon le 7 juin 1722, morte le 10 avril 1723 ;

8° MARIE-MARGUERITE DE TILLY, née à Vernon le 21 décembre 1727.

HILAIRE DE TILLY, Chevalier, né le 1er novembre 1725 et baptisé le même jour à l'église de Saint-Hilaire de Blaru, fut Lieutenant au régiment d'infanterie de Piémont, puis Capitaine de grenadiers au même régiment, décoré de l'ordre royal et militaire de St-Louis.

Il mourut le 5 novembre 1788, ayant épousé, le 27 avril 1753, à Sainte-Geneviève-les-Gasny, près Vernon, ANNE-FRÉDÉRIQUE DE ROCHEFORT, veuve de Messire Pierre Lambert, Ecuyer, Officier, dont il eut trois filles :

1° Anne-Sophie de TILLY, née le 16 février 1756 à Vernon, élevée au couvent des Demoiselles de St-Cyr, morte en 1779;

2° Anne-Elisabeth de TILLY, née le 2 septembre 1761, à Vernon ;

3° Adélaïde de TILLY, née le 4 juin 1764, à Vernon, décédée en 1777.

Louis-Joseph de TILLY, Comte de Tilly, Seigneur de Prémont et autres lieux, fils aîné de Louis de Tilly et de Marguerite Chauveau d'Heraine, fut baptisé le 15 septembre 1720, dans l'église paroissiale de Saint-Hilaire de Blaru, au diocèse d'Evreux.

Il fut pourvu d'une compagnie au régiment de Piémont par commission du 17 novembre 1746 et reçut la croix de Chevalier de l'ordre royal et militaire de St-Louis.

Il obtint, le 16 avril 1771, un brevet de Major dans les troupes d'infanterie de Sa Majesté et fut nommé Lieutenant pour le Roi au gouvernement des Ville et Château de Dieppe, Bourg et Château d'Arcques par brevet de Sa Majesté en date du 4 mai 1771.

Il épousa, par contrat sous seings privés passé à Thionville le 10 janvier 1753, et en l'église de St-Maximin, le 7 février 1753, Demoiselle Marie-Marguerite-Antoinette de la ROCHEGIRAULT, fille de feu Messire Jean-François de la Rochegirault, Chevalier Seigneur de Bettange, ancien Capitaine d'infanterie, et de Dame Marie-Magdelaine Lebrun.

De ce mariage naquirent :

1° Jacques-Louis-François de TILLY, dont la vie et la postérité sont rapportées page 59.

2° Charles-Louis-Auguste-Casimir-Marie de TILLY, qui suit ;

3° Jacques-Louis-François de TILLY, né à Vernon, le 18 août 1756 ;

4° Jacques-Louis-François de TILLY, né à Vernon le 2 février 1759 et élevé au collège royal militaire de la Flèche.

Charles-Louis-Auguste-Casimir-Marie Vicomte de TILLY, Seigneur de Prémont et autres lieux, né le 21 février 1754, fut baptisé le surlendemain dans l'église paroissiale de Notre-Dame de Vernon, diocèse d'Evreux, et eut pour parrain et marraine Mes Seigneur et Dame, Maréchal et Maréchale Duc et Duchesse de Belle-Isle.

Il obtint la charge de Capitaine en second de la Compagnie de Bournet au régiment d'infanterie de Blaisois par commission du 7 juillet 1781.

Il eut de sa femme, épousée par contrat passé à Morlaix le 18 août 1781, devant Meurice et Guillaume, notaires royaux apostoliques héréditaires de la Sénéchaussée de Morlaix, Demoiselle MARIE-JEANNE-ALÉLAÏDE HAMELIN, fille de noble Mathurin-Guy Hamelin, ancien Capitaine d'infanterie de Saint-Domingue, Conseiller Rapporteur du point d'Honneur du ressort des Sénéchaussées de Morlaix et de Laumeur, et de Dame Marguerite Prein :

1º AUGUSTE-GUY-MARIE DE TILLY, né le 2 mai 1782 et baptisé le 16 suivant dans l'église paroissiale de Saint-Remi de Dieppe, doyenné de Longueville, diocèse de Rouen ;

2· MARIE-LOUISE-FORTUNÉE DE TILLY, née à Vernon le 9 avril 1784, qui fut tenue sur les fonds baptismaux de Notre-Dame de Vernon le 19 août suivant par Madame la Princesse de Conty et Monseigneur le Duc de Penthièvre.

JACQUES-LOUIS-FRANÇOIS Comte DE TILLY, fils aîné de Louis-Joseph Comte de Tilly, Seigneur de Prémont et autres lieux, et de Marie-Marguerite-

Antoinette de la Rochegirault, Lieutenant général, grand Officier de la Légion d'honneur du 27 décembre 1814, Chevalier de St-Louis du 18 mai 1790, Chevalier de l'ordre de Saint-Jean de Jérusalem, Grand Croix de l'ordre de l'Aigle Rouge de Prusse, Membre de la Chambre des Représentants, connu sous la Révolution sous le nom de Delaître-Tilly, naquit à Vernon le 2 février 1749.

Il entra de bonne heure dans la carrière des armes comme soldat au régiment de Soissonnais, fit les campagnes de 1761 et 1762 (Allemagne), 1781 (Siège de Mahon), 1783 (Siège de Gibraltar) et quoique noble, ce ne fut qu'à la Révolution, dont il adopta les principes, qu'il dut le grade de Colonel.

Le Général Dumouriez le choisit pour Aide de camp en 1792 et lui confia, le 8 mars 1793, le commandement de Gertruydenberg, place où il avait réuni tous les moyens qui pouvaient lui faciliter l'entrée de la Hollande.

La levée du siège de Maëstricht força Dumouriez à s'éloigner, mais avant de partir il fit donner au Colonel de Tilly sa parole d'honneur qu'il ne rendrait pas la place sans un ordre écrit de sa main.

L'événement arriva bientôt. Par suite de la perte de la bataille de Nerwinde et des capitulations d'Anvers et de Bréda, il fut sommé, au nom du Comte de Wartensleben, Chef d'Etat-Major du

Prince Frédéric d'Orange, de « remettre la place « ou d'être, dans le cas contraire, passé au fil de « l'épée, sans miséricorde quelconque. » (1)

M. de Tilly répondit simplement au parlementaire : « M. le Comte de Wartensleben s'est trompé d'adresse. » Néanmoins une seconde sommation lui ayant été faite, il déclara qu'il capitulerait s'il en recevait l'ordre du Général Dumouriez.

On lui fit observer que ce Général n'était plus au service de la République. M. de Tilly resta inébranlable, et, en effet, il ne capitula que le 1er avril 1793, sur la présentation de l'ordre écrit de Dumouriez lui-même. (2)

Il obtint, par suite de ses vives insistances, que

---

(1) Monsieur le Commandant des troupes françaises qui occupent la ville de Gertruydenberg est sommé par le soussigné Général Major de l'Infanterie (au service de leurs Hautes Puissances Mes Seigneurs et Maîtres les Etats Généraux des Provinces unies) Commandant ici l'avant garde d'un corps considérable sous les ordres de son Altesse Sérénissime le Prince Frédéric d'Orange et de Nassau, de lui ouvrir les portes de la ville de Gertruydenberg et d'y recevoir nos troupes sous peine en cas de refus de si voir forcé et d'être du premier jusqu'au dernier passé au fil de l'épée sans miséricorde quelconque.

COMTE DE WARTENSBEBEN,
Général Major.

Fait à Raamsdenk, ce 23 de mars au matin, à 4 heures.

---

(2) Au quartier général de Tournay, le 31 mars 1793.

Il est ordonné au Colonel Tilly, Commandant la ville de Gertruydenberg de rendre cette place par capitulation avec la condition d'en sortir avec tous les honneurs de la guerre, tambours battants, drapeaux déployés, mèches allumées et emmenant avec lui tous les effets militaires appartenant à l'armée française.

Le Général en chef,
DUMOURIEZ.

la garnison ne défilerait pas devant les troupes étrangères.

Envoyé comme Général à l'armée des Côtes de Cherbourg, il en prit le commandement en chef le 2 décembre de la même année. Il remporta de grands avantages sur les Vendéens, notamment au combat du Mans le 12 décembre 1793, mais fut toutefois, comme noble, suspendu de ses fonctions le 9 février 1794 et autorisé à prendre sa retraite.

Remis presque aussitôt en activité à l'armée de Sambre et Meuse, il en commanda la réserve, lorsque, sous les ordres du Général Jourdan, elle passa le Rhin en 1795.

A l'affaire du 20 vendémiaire, à Hoecht, près de Nidda, il repoussa pendant toute la journée les tentatives que fit l'ennemi pour franchir cette rivière.

Nommé au mois de janvier 1796 Gouverneur de Bruxelles et Commandant des neuf départements réunis, puis Commandant des départements de la Dyle, de l'Escaut, de la Lys, de Jemmapes et des deux Nèthes, il se concilia l'estime générale par son administration sage, sa justice et son désintéressement.

Chef d'Etat-major Général de l'armée du Nord au mois d'août 1796, il conserva cette qualité à l'armée de Sambre et Meuse, où il passa le 22 novembre de la même année et fut nommé Inspecteur général des troupes françaises stationnées en Hollande en 1798.

Le Gouvernement Consulaire lui confia, en 1799, le commandement des 24ᵉ et 25ᵉ divisions militaires (Belgique).

En 1800, employé à l'armée de l'Ouest comme Chef d'Etat-Major général de cette armée, il fut nommé par le Général Bernadotte Lieutenant du Général en Chef, et en cette qualité il commanda en chef par intérim pendant seize mois.

Il eut, le 2 décembre 1803, le commandement de la cavalerie au camp de Montreuil, puis le commandement de la division de cavalerie du 6ᵉ corps de la Grande Armée au mois d'août 1805.

Passé au premier corps d'armée, le Général de Tilly fit, avec autant de distinction que de parfait désintéressement, les campagnes d'Allemagne, de Prusse et de Pologne.

Il se conduisit d'une manière aussi noble en Espagne, où il reçut l'emploi en 1808. Gouverneur de Ségovie, après l'occupation de Madrid, il s'y fit estimer de tous les habitants. Il eut en 1811, en Andalousie, un commandement de cavalerie ; à la bataille d'Occana, il fit des prodiges de valeur, montra « une habileté consommée dans l'art de faire manœuvrer la cavalerie » et fit aux Anglais un grand nombre de prisonniers.

De retour en France en août 1813, il devint Inspecteur général de cavalerie.

Après la première Restauration, en 1814, le Roi le nomma Grand Officier de la Légion d'Honneur.

Pendant les Cent jours, en 1815, le Général de Tilly fut nommé par Napoléon Président du collège électoral du Calvados qui l'élut à la Chambre des Représentants.

A la seconde Restauration, il fut mis à la retraite.

Le Lieutenant Général de Tilly mourut à Paris le 10 janvier 1822, regretté de tous ses frères d'armes et estimé de tous ses concitoyens qui rendaient justice à ses qualités personnelles et à ses vertus civiques.

(*Biographie des Contemporains*, par Arnault, Jay, Jouy, Norvins, etc.)

Le Général de Tilly avait été créé Baron de l'Empire en 1811 ; il fut refait Comte le 21 janvier 1814.

Son nom est inscrit au côté de Nord de l'arc-de triomphe de l'Etoile.

Il épousa Anne-Joséphine ARENTS, fille du Bourgmestre de Liège, dont il eut un fils et deux filles :

1° Charles-Edouard de TILLY, qui suit ;

2° CHARLOTTE DE TILLY, épouse du Marquis Duperrier-Dumouriez ;

3° ANNE-CHARLOTTE-VIRGINIE-CALIXTE DE TILLY mariée le 9 juin 1808 au Vicomte Pierre de Bonnemains, Lieutenant général, Grand Officier de la Légion d'Honneur.

CHARLES-EDOUARD Comte DE TILLY, né le 8 décembre 1794 à Limeil-Brevannes (Seine-et-Oise), entra au service le 18 février 1811 comme Novice dans la Marine de l'Etat.

Il fut nommé Aspirant de première classe le 29 mars 1813, passa comme Lieutenant au 4° régiment des gardes d'honneur le 16 octobre de la même année, puis au régiment de chasseurs des Alpes le 16 mars 1816 et enfin au corps d'Etat-Major le 20 janvier 1819.

Capitaine au même corps le 12 janvier 1820 et Chef d'escadron le 24 août 1838, il fut successivement employé à la 1re division et à la 4° division militaire ou comme Aide de camp des Généraux Bonnemains, Ornano, Guchoneuc.

Lieutenant-Colonel le 13 février 1848, il fut nommé Chef d'Etat-Major de la 3° division, puis de la 1re division d'infanterie du corps expéditionnaire de la Méditerranée.

Rentré en France, il fut employé en même qualité à la 19e division militaire, puis de la division active d'infanterie de l'armée de Lyon, jusqu'à sa retraite, qui eut lieu le 11 août 1852.

Il avait fait les campagnes de 1811, 1812, 1813 en mer, fin 1813 sur le Rhin, 1814, blocus de Strasbourg, 1815 Belgique, 1823 Espagne, 1828, 1831, 1832 et 1833, Morée, 1849 Italie, et avait été blessé à la bataille de Ligny le 16 juin 1815.

Il était Chevalier de la Légion d'Honneur du 30 août 1814 et Officier du 22 novembre 1823, Chevalier de St-Louis du 22 juin de la même année, décoré des ordres de Malte, de St-Ferdinand d'Espagne, du Sauveur de Grèce et de l'Ordre pontifical de St-Grégoire-le-Grand, et confirmé dans son titre de Comte par ordonnance du 6 janvier 1823.

Cette branche est éteinte.

Les derniers descendants en sont, à la première génération, les enfants :

a) de CHARLOTTE DE TILLY et du Marquis DUPERRIER-DUMOURIEZ :

1° FRÉDÉRIC DUPERRIER-DUMOURIEZ mort sans lignée ;

2° LOUISE DUPERRIER-DUMOURIEZ, épouse de M......, Champagne de la Briolle ;

3° SIDONIE DUPERRIER-DUMOURIEZ, épouse de M. Émile Faulquier, Officier supérieur d'artillerie ;

b) de Virginie de TILLY, et du Général Vicomte Pierre de BONNEMAINS :

1° Charles-Frédéric Vicomte de BONNEMAINS Général de division, Grand Croix de la Légion d'Honneur, né le 3 mars 1814, mort le 18 décembre 1885 ;

2° Henri-Pierre-Edouard Baron de BONNE-MAINS, né le 25 mars 1821, ancien Inspecteur des Finances, ancien Maire du XVI° arrondissement de la Ville de Paris, Officier de la Légion d'Honneur ;

3° Marie de BONNEMAINS, épouse de M. Frédéric Loyson.

BRANCHE

DES

SEIGNEURS DE MONDRÉVILLE

PIERRE DE TILLY, Seigneur de Villelegast et de Mondréville, troisième fils de Jacques de Tilly, Seigneur et Châtelain de Blaru, et d'Adrienne de Boufflers son épouse, eut pour femme, par contrat passé à Chartres devant Nicolas Belesme, notaire royal, le 30 juillet 1627, ANTOINETTE-JACQUELINE DE LESTANG, fille de Jean Tanneguy de Lestang, Ecuyer, Seigneur du Labit, de laquelle il eut :

1º LOUIS DE TILLY, qui suit;

2° PIERRE DE TILLY, mort jeune ;

3° N... DE TILLY, morte aussi dans son enfance.

LOUIS DE TILLY, Chevalier, Seigneur de Mondréville, né le 22 septembre 1630, épousa, le 17 septembre 1661, au lieu seigneurial d'Alènes, devant Jean Bertrand et Thomas Moriceau, notaires gardenotes du Roy et tabellions héréditaires en la ville et châtellenie d'Yeuville, ANNE DE FERRIÈRES, fille de François de Ferrières, Chevalier Seigneur d'Alaines en Orléanois, et de Renée de Brunel, son épouse, de laquelle il eut :

1° LOUIS DE TILLY, marié à Dame Marguerite David, qui lui donna un fils nommé Pierre ;

2° FRANÇOIS DE TILLY, Seigneur d'Aleine de Pinceloup ;

3° LOUISE DE TILLY ;

4° CHARLES DE TILLY ;

5° ANTOINE DE TILLY, qui suit ;

6° MARIE-ANNE DE TILLY ;

7° JEANNE-Françoise DE TILLY, mariée à Jean-Michel Boucher, Escuyer, Seigneur d'Ormeville.

ANTOINE DE TILLY, Seigneur de Levesville le

Chenard, marié le 5 mai 1698 à Levesville le Chenard, devant Michel Semen, notaire royal gardenotes ès Ville, Duché et Bailliage de Chartres, avec Demoiselle ANNE-GENEVIÈVE DE GRENET fille de Claude de Grenet, Escuyer, Seigneur de Levesville le Chenard, Assonville, etc., et de Marguerite de Havard, eut pour enfants :

1° ANTOINE DE TILLY, qui suit ;

2° MARIE-ANNE DE TILLY ;

3° MARGURITE DE TILLY.

ANTOINE DE TILLY, Seigneur de Levesville, du Colombier et de Piscop, épousa, le 22 août 1735, à Boissy-sous-St-Yon, devant de Vaupré, notaire et principal tabellion des Bailliages et Baronnie de Saint-Yon, MARIE-JULIE DU VIVIER DE LA GRANGE, fille de Louis-Etienne Du Vivier de la Grange, Escuyer, Seigneur du Colombier, et de Marie-Jeanne de Sabrevois.

De cette union naquirent :

1° ANTOINE DE TILLY, Seigneur du Colombier, baptisé le 21 décembre 1736, à St-Pierre-de-Breuillet, diocèse de Chartres, et qui entra aux Pages de la Grande Ecurie le 12 juillet

1753, sous le commandement de S. A. Monseigneur Louis-Charles de Lorraine, Comte de Brionne, grand Ecuyer de France ;

2° MARIE-ANNE DE TILLY.

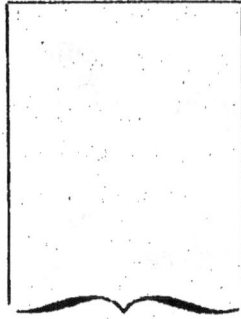

BRANCHE

DES

SEIGNEURS DE PRÉMARAIS

———

Plusieurs généalogistes ont fait descendre le Comte de Tilly, l'auteur des mémoires d'un bâtard de la maison d'Harcourt, se basant sur les écrits de La Roque et du Père Anselme qui parlent d'une alliance entre Marin de Tilly, fils de Gabriel d'Harcourt, Bâtard de Tilly, avec Jeanne d'Escoville et établissent ainsi sa généalogie.

GABRIEL DE HARCOURT, dit le Bâtard de Tilly, Seigneur d'Angerville, fils naturel de Jacques de Harcourt (petit-fils de Jeanne de Tilly) et de Pierrette de Litchaire (1457), qui fut légitimé et ennobli par lettres du Roi données à St-Germain en Laye en janvier 1527, épouse Marie de Lannoy, fille de Robert Seigneur de Clermont, et de Marie de Parfouru, dont cinq fils :

1° THOMAS, Seigneur d'Angerville ;

2° GUILLAUME, Prêtre, marié auparavant à Henrie Bonie ;

3° MARIN, Seigneur de la Poterie ;

4° JACQUES ;

5° CHARLES, Prêtre.

MARIN épouse Jeanne de Candalle, fille de Richard d'Escoville et de Candalle, Seigneur de la Tonne, dont 4 fils :

1° JEAN, Seigneur de la Poterie ;

2° GILLES ;

3° PIERRE ;

4° LUCAS.

JEAN épouse Marie Bénard, dont CHARLES, Seigneur de la Tonne, qui lui-même eut d'Anne de Clinchamp, son épouse :

FRANÇOIS, Seigneur de la Poterie, époux de Marguerite Piettin.

C'est une erreur qui paraît provenir d'une similitude de noms.

Jeanne d'Escoville, femme de Marin, était fille

de Richard d'Escoville, dit de Candalle, Seigneur de la Tonne, tandis que la 6ᵐᵉ aïeule de l'auteur des mémoires était fille de Guillaume d'Escoville et nièce de la première.

Aussi, d'après les documents de la collection d'Hozier à la Bibliothèque nationale, il nous est permis d'établir comme suit la généalogie de la branche des Tilly Prémarais.

Il est à remarquer en outre que les Tilly d'Angerville, descendants du Bâtard de Harcourt, portaient encore le 20 mars 1666 les armes de cette maison, tandis que les Tilly Prémarais ont toujours eu dans leurs armes la fleur de lys de la maison de Tilly.

JEAN DE TILLY, quatrième fils de Jean de Tilly, Seigneur de Blaru et du Port de Villiers, et de Françoise L'Advocat de Longchamp, épousa, par contrat du 25 juillet 1529, à Petiville, devant Guillaume du Chemyn et Marin Godefroy, tabellions jurés pour le Roy et Sergenterie d'Argences, Trouart et Varaville, JEANNE D'ESCOVILLE, fille de Guillaume, Seigneur d'Escoville, dit Candalle qui lui donna deux fils :

1° JEAN DE TILLY, dont la famille se continua dans la personne de son fils François et de son petit-fils Jacques ; celui-ci, qui demeurait à la Pernelle, élection de Valognes, produisit ses titres devant M. de Chamillart en 1666 et était compris au rang des nobles de la généralité de Caen ;

2° CHARLES DE TILLY.

Ce dernier se maria à ANNE DE CLINCHAMPS et en eut un fils :

FRANÇOIS DE TILLY, mort le 26 septembre 1640, laissant de son mariage accordé le 12 juin 1621, à Petiville, devant Jean le Renard et François Franques, tabellions royaux en la Vicomté de Caen, avec MARGUERITE PIETTIN, fille de Jean Piettin, Seigneur de la Croix, et de Dame Madelene Hullin son épouse :

1° TANNEGUY DE TILLY, qui fit, avec son frère François, ses preuves de noblesse le 13 décembre 1656 ;

2° FRANÇOIS DE TILLY, qui suit ;

3° MARIE DE TILLY, née à Petiville, diocèse de Bayeux, le 13 février 1635.

FRANÇOIS DE TILLY, dénommé Seigneur de Prémarais dans son contrat de mariage, naquit à

Petiville, diocèse de Bayeux, le 13 février 1635.

Il eut deux femmes : la première qu'il épousa par contrat du 17 février 1662 passé à Bavant, devant Guillaume Messent, tabellion royal en la Sergenterie de Varaville, fut Dame GILLETTE GIRARD, qui mourut le 8 septembre 1666, sans lui donner d'enfants.

De la seconde, qu'il épousa par contrat du 6 juin 1667, à Petiville, devant Jacques de la Pye, tabellion royal en la Vicomté de Caen, Demoiselle ELISABETH DE GARZALLE, fille de Henry de Garzalle, Escuyer, Seigneur de la Vaquerie, et de Gillonne d'Escagneul, il eut :

1° GABRIEL DE TILLY, âgé de 18 ans en 1683, époque où il fut mis sur la liste des jeunes gentishommes de la généralité de Caen qui se présentèrent pour servir le Roy dans la marine ;

2° HENRY DE TILLY, né le 11 octobre 1668, à Robehomme ;

3° PIERRE DE TILLY.

HENRY DE TILLY se maria par contrat du 26 juillet 1695 passé à Semalé, avec SUZANNE DE VALLÉE, fille de Jacques de Vallée, Seigneur du Testre, et de Suzanne du Val, dont il eut :

1° Tanneguy de TILLY ;

2° Pierre de TILLY, qui suit ;

3° René de TILLY, né à Petiville, diocèse de Bayeux, le 15 juillet 1703 ;

4° Jeanne de TILLY.

Pierre-Armand de TILLY, Seigneur de Prémarais, né à Petiville, diocèse de Bayeux, le 22 octobre 1696, fut Page de Louis XV, puis Capitaine de cavalerie (dragons) et se retira de bonne heure près d'Alençon avec une nombreuse famille.

Il avait épousé, par contrat du 8 mai 1724, passé à Varaville devant Lapye, notaire royal, Rénée-Françoise de GUÉROULT DE St-LOUP, fille de Jean de Guéroult de St-Loup, et de Louise de Mésange. Le mariage eut lieu à St-George des Ventes de Bourse, diocèse de Séez.

De cette union naquirent :

1° Pierre-René de TILLY, Chevalier, Capitaine au régiment de Navarre, Chevalier de l'ordre royal et militaire de St-Louis, qui suit ;

2° Jacques de TILLY, qui suit également, p. 78 ;

3° René-Louis de TILLY, dont la descendance est rapportée plus loin, page 79 ;

4° Rénée-Françoise de TILLY ;

5° Louise de TILLY.

Pierre-René-François-Anne de TILLY, Seigneur de la Guillonnière et du Verge, né à Petiville le 4 décembre 1730, Capitaine au régiment de Navarre, se maria le 27 avril 1752, à Mamers, devant Malé, notaire royal, à Jacquine-Madelene de GUÉROULT, fille de Jacques de Guéroult, Escuyer, Seigneur de la Terrière, et de Catherine-Madelene Le Maire, dont:

Pierre-Jacques de TILLY, né à Contilly, Doyenné du Sonnois, diocèse du Mans, le 11 octobre 1755, élevé au collège royal de la Flèche, puis à l'hôtel de l'école royale militaire.

Jacques de TILLY, Marquis de Tilly Prémarais, Seigneur de la Tournerie, naquit à Saint-Hilaire de Semalé, diocèse de Séez, le 20 juillet 1734.

Ecuyer Chevau-Léger de la garde du Roi, il devint Conseiller du Roi, Sénéchal d'Epée de la Sénéchaussée et Siège Présidial de Beaumont le Vicomte.

Il épousa en premières noces Anne-Suzanne-Magdelene LE BOURDAIS DE CHAZILLE, dont il eut:

1° Jacques-Pierre de TILLY, né au Mans le 7 août 1761;

2° Pierre-Alexandre de TILLY, l'auteur des

Mémoires, dont la vie est rapportée plus loin, page 80.

De sa seconde femme, qu'il épousa par contrat du 9 septembre 1776, passé à Courcebœufs devant Louis Grignon, notaire royal au Maine, Demoiselle JEANNE-ANTOINETTE-JACQUINE AMELLON DE SAINT-CHER, il eut :

1° LOUIS-STANISLAS-XAVIER DE TILLY, né le 10 juin 1778 à Beaumont le Vicomte, diocèse et élection du Mans, qui eut pour parrain M. Louis-Stanislas-Xavier, fils de France, frère du Roi, et pour marraine Madame Elisabeth-Marie, Dame de France, sœur du Roi, et fut élevé à l'école royale militaire ;

2° JEANNE-RENÉE-JACQUINE DE TILLY, née à Beaumont le Vicomte le 12 mai 1777.

RENÉ-LOUIS DE TILLY, Chevalier, Seigneur du Mesnil, de la Maunière et de Quincé, né le 22 décembre 1736 à Saint-Hilaire de Semalé, diocèse de Séez, fut Brigadier des gardes du corps du roi, Chevalier de St-Louis, défendit les Tuileries le 10 août, y fut blessé et mourut depuis en prison, sous la Terreur.

Il avait épousé, par contrat du 12 février 1765, passé à Neufvillalain, diocèse du Mans, Demoiselle ANNE-ELISABETH-PERRINE CHAMPION DE QUINCÉ, qui lui donna deux fils et une fille :

1° RENÉ-PIERRE-CHARLES-ANTOINE DE TILLY, né le 17 février 1766, à Neufvillalain, diocèse du Mans, élève du collège royal de la Flèche, qui fut Officier de chasseurs de Franche-Comté, et qui fut tué en Vendée en 1799 ;

2° N.... DE TILLY, qui servit à l'armée de Condé de 1791 à 1794, et sous le Comte de Frotté en Normandie de 1796 à 1799 ;

3° ANNE-HENRIETTE-FRANÇOISE DE TILLY, née le 2 juillet 1771.

PIERRE-ALEXANDRE Comte DE TILLY, second fils de Jacques de Tilly, marquis de Tilly-Prémarais, et de sa première femme Anne-Suzanne-Magdelene Le Bourdais de Chazille, naquit au Mans en 1764.

Elevé chez les jésuites au collège de la Flèche puis à celui d'Alençon, il fut reçu à 15 ans aux Pages de la Reine. Il en sortit pour entrer comme Officier dans les dragons de Noailles à Falaise en 1782, puis, par un coup de tête, donna sa démission en 1784, à l'âge de vingt ans.

Il montra beaucoup de zèle pour la cause royale au début de la Révolution, émigra le 10 août

1792. On le retrouve en 1801 Chambellan du Roi de Prusse et l'Empereur Paul le décore vers la même époque de la Croix de Malte, puis après avoir mené une vie orageuse et dissipée, il se donna la mort à Bruxelles en 1816, le 26 décembre.

Outre quelques écrits de circonstance, on a de lui des *Mémoires* qui, bien qu'écrits en 1807, ne parurent qu'en 1828. Ils renferment de curieuses révélations, mais aussi bien des anecdotes scandaleuses. (BOUILLET).

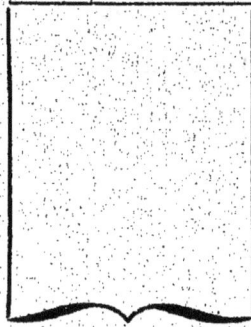

BRANCHE

DES

SEIGNEURS D'ESCARBOUVILLE

———

ALAIN DE TILLY, Seigneur de Barou, troisième fils de Robert, Sire et Châtelain de Tilly, et de Luce, Dame de Barou, son épouse, vivait en 1112 et fut fait Chevalier par Louis Le Gros à la bataille contre les Anglais, près de Gisors, en 1149.

Il épousa EDME DE COURCELLES, fille d'Albin Seigneur de Courcelles, dont :

FRASLIN DE TILLY, Seigneur de Barou en 1191,

marié avec ISABELLE DE BOISSAY, fille de Jean de
Boissay et d'Alix de Boutemont, son épouse, de
laquelle il laissa entre autres enfants :

RAOUL DE TILLY, Seigneur de Barou en 1243.
Le nom de sa femme n'est point connu, mais il y a
apparence qu'elle était Dame D'ESCARBOUVILLE
comme on le voit par le fils qui suit :

JEAN DE TILLY, Seigneur de Barou, d'Escarbouville et de Tonneville, épousa AGNÈS DE RIVIERS,
fille de Robert de Riviers, Chevalier, dont il eut :
    1° NICOLAS DE TILLY, qui suit ;
    2° JEAN DE TILLY, Seigneur de St-Germain le
        Vicomte, auteur de cette branche, rapportée
        ci-après, page 90.

NICOLAS DE TILLY, Seigneur de Barou, d'Escarbouville et de Tonneville, eut pour femme, en
1293, THOMASSE D'OCTOVILLE, de laquelle il eut :
    1° RAOUL DE TILLY, qui suit ;
    2° JEANNE DE TILLY, femme de Philippe aux
        Epaules, Seigneur de Sainte-Marie du Mont,
        Capitaine du Château de Moulineaux et de

Nehou, fils de Guillaume aux Epaules, Seigneur de Sainte-Marie du Mont, et de Jeanne des Moustiers, son épouse.

RAOUL DE TILLY, Seigneur d'Escarbouville, fut fait Chevalier par Philippe de Valois en 1339, au siège de Tournon, et se maria en 1344 à JEANNE CARBONNEL, fille de Philippe Carbonnel, Seigneur de la Hogue et d'Orglandes, dont il eut :

1º RICHARD DE TILLY, qui suit ;

2º RAOUL DE TILLY, Chevalier ;

3º GUILLAUME DE TILLY.

RICHARD DE TILLY, Seigneur d'Escarbouville, épousa ROBINE DE THÉRIC, dame de Sermentot, dont il eut :

1º RAOUL DE TILLY, qui suit ;

2º TERNAND DE TILLY, Seigneur de Sermentot, Capitaine de Cherbourg en 1472.

RAOUL DE TILLY II du nom, Seigneur d'Escarbouville et de Sermentot, eut pour femme ALIX DE THIEUVILLE, dont :

1° ROBERT DE TILLY, Seigneur d'Escarbouville, mort sans hoirs ;

2° RICHARD DE TILLY, qui suit ;

3° RAOUL DE TILLY, Chevalier.

RICHARD DE TILLY II du nom, Seigneur d'Escarbouville et de Sermentot, épousa JEANNE DE HOTOT, fille de Richard de Hotot, Seigneur de Beaumont, de laquelle il eut :

1° JEAN DE TILLY, Seigneur d'Escarbouville et de la Hogue, qui suit ;

2° GUILLAUME DE TILLY, Seigneur de Sermentot en 1505 ;

3° GILLES DE TILLY, Seigneur et Curé d'Orglandes ;

4° CATHERINE DE TILLY, femme de Henri Heuzé, Seigneur de Flermanville et de la Haulle.

JEAN DE TILLY, Seigneur d'Escarbouville et de la Pernelle, eut pour femme GUILLEMETTE LENFANT, Dame de Taillepied et de Franquetot, dont il eut un fils unique :

JEAN DE TILLY, Seigneur d'Escarbouville et

Ourville, la Pernelle et Sermentot, qui épousa, le
3 septembre 1557, MARYE DE SAINT-SIMON
COURTHOMER, fille de François de Saint Symon,
Sire de Chenebrun, Seigneur de Ste Mère Eglise
Beuzeville, Baron de Courthomer, et de Dame
Regnée de Brousseauville, son épouse, et lui laissa :

1° JACQUES DE TILLY, Seigneur d'Escarbouville ;

2° PIERRE DE TILLY, Seigneur d'Ourville ;

3° JEAN DE TILLY, qui mourut le 1er décembre
   1586, laissant entre autres enfants un fils
   nommé Jacques ;

4° FRANÇOIS DE TILLY, qui suit.

FRANÇOIS DE TILLY, Seigneur d'Ourville et de
la Pernelle, épousa ANNE MICHEL qui lui donna
un fils :

PIERRE DE TILLY, Seigneur d'Ourville et de la
Pernelle, qui épousa, le 6 septembre 1604, Demoiselle MARGUERITE OSBER, fille de Jacques Osber,
Seigneur de Tollevast en Sainte-Marie du Mont, et
de Dame Marguerite du Prael, et dont naquit un
fils JACQUES DE TILLY, qui suit :

Jacques de TILLY, Seigneur d'Ourville et de la Pernelle, épousa par contrat en date du 20 septembre 1637, Demoiselle Jacqueline d'AGIÉ dont il eut entre autres enfants un fils:

Pierre de TILLY, auteur de la branche des Seigneurs de Craville, rapportée ci-après, p. 88.

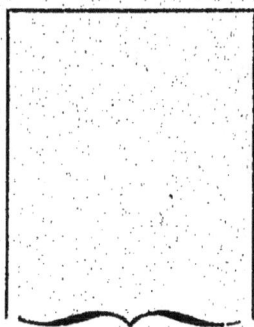

BRANCHE

DES

SEIGNEURS DE CRAVILLE

PIERRE DE TILLY, Seigneur de Courcière, fils de Jacques de Tilly, Seigneur d'Ourville et de la Pernelle, et de Jacqueline d'Agié, se maria par contrat du 20 juillet 1680 passé au manoir de Crasville devant Robert Valette, notaire garde-notes du Vicomté de Valognes, à Demoiselle FRANÇOISE LENFANT DE CRAVILLE, fille d'Adrien Lenfant de Craville et de Suzanne de Hauchemail.

De ce mariage naquit :

Marc-Antoine de TILLY, Seigneur de Craville, qui épousa, par contrat du 27 janvier 1716, Françoise-Thérèse d'YVETOT, qui lui donna deux fils :

1° Pierre-Antoine de TILLY, qui suit ;

2° Georges-Michel de TILLY.

Pierre-Antoine de TILLY, Seigneur de Craville, se maria par contrat du 29 mars 1747 passé à Valognes devant Nicolas Duval, notaire royal, à Demoiselle Marie-Hélène DU MONCEL, dont sont issus :

1° Jean-Charles-François de TILLY, mort le 27 novembre 1775, à l'âge de 23 ans ;

2° Jean-Charles de TILLY, né le 27 avril 1753, à Crasville, diocèse de Coutances ;

3° Françoise-Pétronille de TILLY, femme de François-Félix Durstie, Seigneur de Carmanville, le 23 août 1774.

BRANCHE

DES

SEIGNEURS DE SAINT-GERMAIN

Jean de TILLY, Seigneur de Saint-Germain le Vicomte, second fils de Jean de Tilly, Seigneur de Barou, et d'Agnès de Riviers, son épouse, prit pour brisures dans ses armes le champ d'argent à la fleur de lys de gueules et les enfants gardèrent le nom de Saint-Germain.

Son fils fut:

Jean II du nom, Seigneur de Saint-Germain le

Vicomte, qui épousa JEANNE DE SIFFREVAST, dont il eut :

1° JEAN DE SAINT-GERMAIN, qui suit ;

2° GUILLAUME DE SAINT-GERMAIN, Chevalier.

JEAN III du nom, Seigneur de Saint-Germain le Vicomte, Capitaine de Bayeux et Chambellan du Roi Charles VI en 1416, eut pour femme JEANNE DE COULOMBIÈRES, fille d'Olivier, Sire de Coulombières, dont il eut entre autres enfants :

FOULQUES, Seigneur de Saint-Germain le Vicomte, Chambellan du Duc d'Orléans en 1443, marié à MALINE D'ESQUAY, Dame de Marcambie, fille de Richard d'Esquay, Seigneur d'Aigneux, et de Jeanne de Boutemont, son épouse, dont sortirent :

1° FERNAND DE SAINT-GERMAIN, qui suit ;

2° PHILIPPE DE SAINT-GERMAIN, Chevalier ;

3° FRANÇOIS DE SAINT-GERMAIN, Chevalier ;

4° NICOLAS DE SAINT-GERMAIN, qui embrassa l'état ecclésiastique.

FERNAND, Seigneur de Saint-Germain le Vicomte fut père entre autres enfants de :

Michel, Seigneur de Saint-Germain le Vicomte, marié à Guillemette de LOURAILLE, fille du Seigneur d'Escoville, de laquelle sortit :

Jean IV du nom, Seigneur de Saint-Germain le Vicomte en 1500. Il épousa Gillette RANQUIER, dont :

    1° Jean de SAINT-GERMAIN qui eut pour femme Philippe de Crolay ;

    2° Michel de SAINT-GERMAIN, qui suit :

    3° Louis de SAINT-GERMAIN ;

    3° Charles de SAINT-GERMAIN.

Michel de SAINT-GERMAIN II du nom, Seigneur de Saint-Germain le Vicomte, épousa Françoise LE BRETON, dont sortit :

Roland, Seigneur de Saint-Germain le Vicomte, lequel épousa Françoise de LA LUTHUMIÈRE.

INDEX GÉNÉALOGIQUE

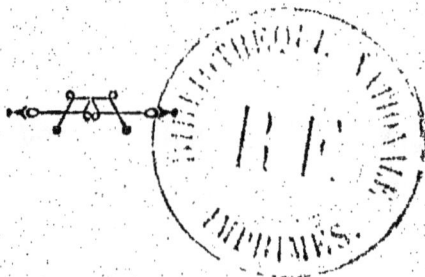

IMPRIMERIE
A. DUBOULOZ
THONON-LES-BAINS

179

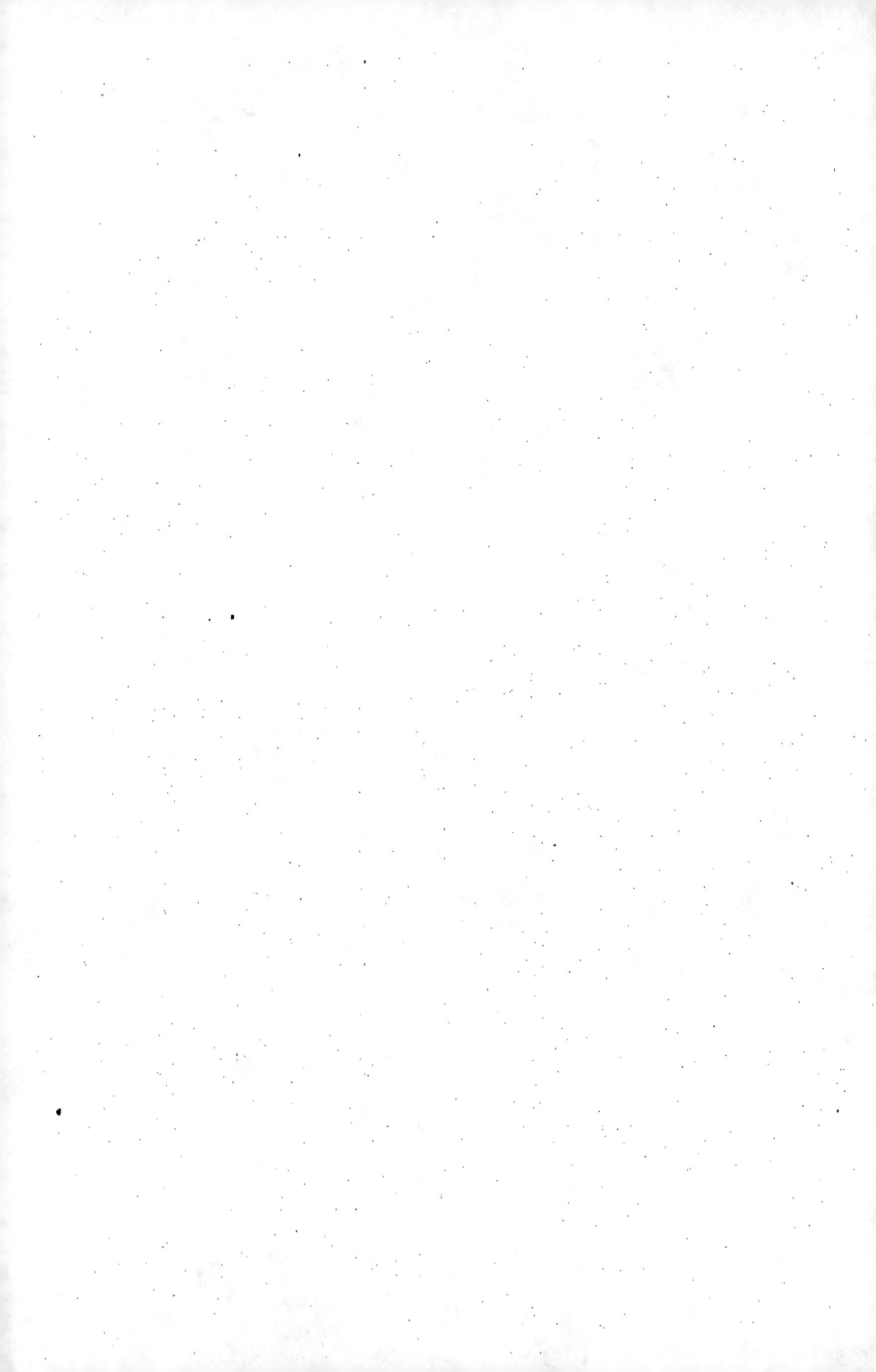

www.ingramcontent.com/pod-product-compliance
Lightning Source LLC
Chambersburg PA
CBHW071232290326
41931CB00037B/2792